THE AUTHOR

Paolo Crippa (23 aprile 1978) coltiva sin dai tempi del Liceo la passione per la Storia italiana, soprattutto della Seconda Guerra Mondiale. Le sue ricerche si incentrano soprattutto nel campo della storia militare ed in particolare sulle unità corazzate a partire dagli anni '30 fino alla fine della Seconda Guerra Mondiale. Nel 2006 pubblica il suo primo volume, "I Reparti Corazzati della Repubblica Sociale Italiana 1943/1945", prima ricerca organica compiuta e pubblicata in Italia sull'argomento, a cui fanno seguito "Duecento Volti della R.S.I." (2007) e "Un anno con il 27° Reggimento Artiglieria Legnano" (2011). Ha all'attivo una quarantina di articoli per le riviste Milites, Historica Nuova, SGM – Seconda Guerra Mondiale, Batailes & Blindes, Mezzi Corazzati e Storia del Novecento, sia come autore, sia in collaborazione con altri ricercatori. Ha realizzato collaborazioni e consulenze per altri autori nella stesura di testi storico – uniformologici. Con Mattioli 1885 ha pubblicato "Italia 43 – 45 – I blindati di circostanza della Guerra Civile" (2014), "I mezzi corazzati della Guerra Civile 1943 -1945" (2015) e Italia 43 – 45 – I mezzi delle unità cobelliganti (2018).

Paolo Crippa (23 April 1978) has cultivated his passion for Italian history since high school. His research interests are focused mainly in the field of military history and in particular on italian armored units from the 30s until the end of World War II. In 2006 he published his first volume, "I Reparti Corazzati della Repubblica Sociale Italiana 1943/1945", the first organic research carried out and published in Italy on the subject. In 2007 he published "Duecento Volti della R.S.I." and in 2011 " Un anno con il 27° Reggimento Artiglieria Legnano". He regularly contributes to several journals: Milites, New Historica, SGM - World War II, Batailes & Blindes, Armoured Vehicles and history of the twentieth century, Mezzi Corazzati, both as an author, or in collaboration with other researchers. He published with the editor Mattioli 1885 in 2014 "Italy 43 – 45 – Civil War improvised AFV's" (2014), "Italian AFV's of the Civil War 1943 - 1945" (2015) and "Italy 43 – 45 – AFV's and MV's of co-belligerent units" (2018).

Carlo Cucut è nato a Nole (TO) nel 1955. Ha coltivato la passione per la storia sin da ragazzo e negli anni ha approfondito questo interesse dedicandosi alla ricerca storica. Ha pubblicato articoli sulle riviste: "Storia del XX Secolo", "Storie & Battaglie", "Milites" e "Ritterkreuz". In campo editoriale ha pubblicato vari volumi per Marvia Edizioni: "Penne Nere sul confine orientale. Storia del Reggimento Alpini "Tagliamento" 1943-1945", vincitore del Premio De Cia; "Attilio Viziano. Ricordi di un corrispondente di guerra"; "Forze Armate della RSI sul fronte orientale"; "Forze Armate della RSI sul fronte occidentale"; "Forze Armate della RSI sulla linea Gotica"; "Alpini nella Città di Fiume 1944-1945". Per il Gruppo Modellistico Trentino ha pubblicato "Le forze armate della RSI 1943-1945. Forze di terra".

Carlo Cucut was born in Nole (TO) in 1955. He cultivated a passion for history as a boy and over the years has deepened this interest by dedicating himself to historical research. He published articles in the italian magazines: "Storia del XX Secolo", "Storie & Battaglie", "Milites" and "Ritterkreuz". He published various volumes for Marvia Edizioni: "Penne Nere on the eastern border. History of the Alpini's Regiment "Tagliamento" 1943-1945 ", winner of the "De Cia" Award; "Attilio Viziano. Memories of a war correspondent "; "Armed Forces of RSI on the eastern front"; "Armed Forces of RSI on the Western Front"; "Armed Forces of RSI on the Gothic Line"; "Alpini in the City of Rijeka 1944-1945". For the Trentino Modeling Group he published "The armed forces of RSI 1943-1945. Land forces ".

PUBLISHING'S NOTES

None of unpublished images or text of our book may be reproduced in any format without the expressed written permission of Luca Cristini Editore (already Soldiershop.com) when not indicate as marked with license creative commons 3.0 or 4.0. Luca Cristini Editore has made every reasonable effort to locate, contact and acknowledge rights holders and to correctly apply terms and conditions to Content.
Every effort has been made to trace the copyright of all the photographs. If there are unintentional omissions, please contact the publisher in writing at: info@soldiershop.com, who will correct all subsequent editions.
Our trademark: Luca Cristini Editore©, and the names of our series & brand: Soldiershop, Witness to war, Museum book, Bookmoon, Soldiers&Weapons, Battlefield, War in colour, Historical Biographies, Darwin's view, Fabula, Altrastoria, Italia Storica Ebook, Witness To History, Soldiers, Weapons & Uniforms, Storia etc. are herein © by Luca Cristini Editore.

LICENSES COMMONS

This book may utilize part of material marked with license creative commons 3.0 or 4.0 (CC BY 4.0), (CC BY-ND 4.0), (CC BY-SA 4.0) or (CC0 1.0). We give appropriate attribution credit and indicate if change were made in the acknowledgments field. Our WTW books series utilize only fonts licensed under the SIL Open Font License or other free use license.

ACKNOWLEDGMENTS

A Special Thanks from the authors to: Archivio Monterosa, Arch. Viziano, Arch. Crippa, Arch. Reduci Reggimento "Tagliamento", Arch. Quaquaro, Arch. Galliani, Arch. Cucut, Arch. Comin, Arch. Dini, Arch. Panzarasa, Arch. Roberti, Arch. Crivellari. For all the titles of our serie we tanks also US national archives NARA, US Library of Congress, Bundesarchiv/wikipedia, Kriegsberichter archiv and Polish national archives. Thanks to the Europeana Collections, and at all the several institution, museum, library, bibliotecks, public or private collection & athenaeums that with their positive copyright policy about part of his collections, allows us the use of many images present in our books. We remember same of this great World Institutions: New York Public Library, Rara CH, Heidelberg Biblioteck University, Rijkmuseum of Amsterdam, Dusseldorf University Library, Polona Library, Herzog August Bibliothek of Wolfenbüttel, Stuttgart Bibliothek, SLUB Dresden, Frankfurt am Main Universitätsbibliothek, Europeana, Wikipedia, and many others...

For a complete list of Soldiershop titles please contact Luca Cristini Editore on our website: www.soldiershop.com or www.cristinieditore.com.
E-mail: info@soldiershop.com

Titolo: **REPARTI BERSAGLIERI NELLA R.S.I.** Code.: **WTW-005 IT**
Di Carlo Cuccut e Paolo Crippa. Cover colored images di Roberto Costanzo (Ro Color) e Anna Cristini
ISBN code: 978-88-93274760 prima edizione Luglio 2019
Lingua: Italiano & English Nr. di immagini: 117 dimensione: 177,8x254mm Cover & Art Design: Luca S. Cristini

WITNESS TO WAR (SOLDIERSHOP) is a trademark of Luca Cristini Editore, via Orio, 35/4 - 24050 Zanica (BG) ITALY.

WITNESS TO WAR

REPARTI BERSAGLIERI NELLA R.S.I.

PHOTOS & IMAGES FROM WORLD WARTIME ARCHIVES

CARLO CUCCUT - PAOLO CRIPPA

INDICE:

1ª Divisione Bersaglieri "Italia"   pag. 5

2ª Divisione Granatieri "Littorio" – II Battaglione Esplorante   pag. 10

4ª Divisione Alpini "Monterosa" – Gruppo Esplorante "Cadelo"   pag. 10

III Battaglione Bersaglieri "Natisone" - Reggimento Alpini "Tagliamento"   pag. 11

3° Reggimento Bersaglieri   pag. 16

CI Battaglione Complementi Bersaglieri   pag. 17

I (LI) Battaglione Bersaglieri Volontari Difesa Costiera   pag. 17

II (XX) Battaglione Bersaglieri Volontari Difesa Costiera   pag. 17

III (XXV) Battaglione Bersaglieri Volontari Difesa Costiera   pag. 20

IV (XVIII) Battaglione Bersaglieri Volontari Difesa Costiera   pag. 20

1° Reggimento Bersaglieri di Marcia   pag. 21

Reggimento Volontari Bersaglieri "Luciano Manara"   pag. 21

I Battaglione Bersaglieri Volontari "Benito Mussolini" – XV Battaglione Difesa Costiera   pag. 22

II Battaglione Volontari Bersaglieri "Goffredo Mameli"   pag. 24

III Battaglione Volontari Bersaglieri "Enrico Toti"   pag. 24

1ª Compagnia Bersaglieri del Mincio – Raggruppamento "Cacciatori degli Appennini"   pag. 25

I Battaglione Arditi Bersaglieri – Raggruppamento Anti Partigiani   pag. 25

Compagnia Mista Bersaglieri - Alpini   pag. 25

Altri reparti di tradizione "bersaglieresca"   pag. 25

1° Battaglione di Combattimento Volontari Italiani "Ettore Muti"   pag. 25

Compagnia Bersaglieri "Curzio Casalecchi" – Legione Autonoma Mobile "Ettore Muti"   pag. 26

Battaglione "Fulmine" – Divisione Decima   pag. 26

Bibliografia   pag. 99

REPARTI BERSAGLIERI NELLA R.S.I.

Lo sbando generale causato dall'Armistizio dell'8 settembre ebbe ripercussioni immediate anche sui reparti di Bersaglieri, sia presenti nella Penisola, sia all'Estero. I Bersaglieri però furono tra i primi a riorganizzarsi ed a riprendere le armi, sia al Sud, dove a fine settembre 1943 il LI Battaglione Bersaglieri d'istruzione Allievi Ufficiali di Complemento fu inserito nel Primo Raggruppamento Motorizzato, sia al Nord. Nel territorio di quella che poi sarebbe stata la Repubblica Sociale Italiana il primo reparto non politicizzato a riprendere le armi a fianco dell'Alleato germanico fu il Battaglione Bersaglieri "Mussolini", che già l'11 settembre iniziò a ricostituirsi a Verona, nella caserma dell'8° Reggimento Bersaglieri, nucleo di quello che sarebbe poi stato il Reggimento Bersaglieri "Luciano Manara". A Milano si formò invece il 3° Reggimento Volontari, con personale proveniente dall'omonimo Reggimento del Regio Esercito, e nel corso delle settimane successive si formarono quattro Battaglioni, XVIII, XX, XXV e LI. Agli inizi del 1944 il Comando del Reggimento venne spostato in Germania per raggiungere la Divisione bersaglieri "Italia" in costituzione ed i battaglioni che lo formavano diventarono autonomi, cambiando la numerazione. La Divisione Bersaglieri Italia fu costituita a Heuberg in Germania con volontari provenienti dai campi di concentramento e fu poi dislocata a sud di Parma, combatté in Garfagnana e si sciolse il 28 aprile in Val di Taro.

Fuori dal territorio nazionale ricordiamo le vicende del Battaglione Bersaglieri "Zara", emblematiche di quel momento di terribile passaggio, causato dall'8 settembre. Dislocato sin dal 1941 nella zona della città redenta, di fatto isolata dal resto del Regno d'Italia, il Battaglione Bersaglieri Zara aveva partecipato, assieme ad altri reparti italiani e germanici, a continue azioni di contenimento. All'atto dell'Armistizio il Battaglione, che era dislocata a presidio della località di Biograd (Zaravecchia), ripiegò su Zara, dove gli ufficiali si trovarono di fronte ad un dilemma: collaborare con i tedeschi o finire in campo di prigionia, dato che era impossibile tentare una resistenza contro le forze armate germaniche. Si giunse ad un compromesso: gli italiani sarebbero rimasti come presidio della città, a difenderla soprattutto contro la reazione e le mire annessionistiche degli Ustascia croati. Il Battaglione così si dedicò a questa estenuante attività di presidio, ma, con una lenta ma inesorabile emorragia, i reparti cittadini persero via via uomini, alcuni avviati in Germania, altri scappati tra i partigiani o in fuga verso le proprie case in Venezia Giulia. Dopo i primi terribili bombardamenti alleati dell'autunno 1943, quel che rimaneva del battaglione, circa 200 uomini, venne trasferito a Trieste per andare ad inquadrarsi nell'esercito della R.S.I. il 4 gennaio 1944. Alcuni Bersaglieri vollero restare e, disarmati dai tedeschi, furono inoltrati verso varie località limitrofe per essere impiegati come forza-lavoro.

1ª Divisione Bersaglieri "Italia"

La Divisione Bersaglieri "Italia" venne costituita ufficialmente nel novembre del 1943, ma solo nella primavera del 1944 iniziò l'addestramento nel Campo di Heuberg in Pomerania. Era costituita da ex internati, militari di leva e volontari provenienti dal Centro Costituzione Grandi Unità. Completato il periodo di addestramento, il 17 luglio 1944 sfilò dinanzi al Duce, ricevendone, alla fine della sfilata, le Bandiere di combattimento per i Reggimenti. Sembrò quindi che il momento del rientro della "Italia" in Patria fosse giunto ma, causa la controversia scoppiata con i tedeschi circa l'invio di migliaia di militari italiani in Germania per essere incorporati nella Flak e il ritiro dell'armamento tedesco destinato alle costituende Divisioni tedesche da inviare sul fronte occidentale, l'addestramento conclusivo della Divisione venne bloccato, per riprendere nel mese di agosto e concludersi in autunno. Fu quindi solo nel mese di dicembre 1944 che la Divisione poté rientrare in Italia, con un trasferimento reso particolarmente difficoltoso dalla carenza di mezzi di trasporto e per i bombardamenti aerei delle linee ferroviarie che, causando molteplici interruzioni, costrinsero molti Reparti a terminare il viaggio per ferrovia a Brescia o Verona, e a completare il trasferimento a piedi fino alla zona di concentramento della Divisione, situata tra Parma, Sala Baganza (PR) e Pontremoli (MS). I trasferimenti appiedati vennero effettuati durante la notte, per evitare gli attacchi aerei, con tratti percorsi della lunghezza anche di 50 chilometri, in condizioni atmosferiche estremamente critiche, causa la pioggia e la neve abbondante. Giunti nella zona assegnata, il Comando Divisione venne collocato ad Ozzano (BO), il 1° Reggimento Bersaglieri a Berceto (PR), il 2° Reggimento Bersaglieri a Nord Ovest di Collecchio (PR) ad oriente del Fiume Taro, il 4° Reggimento Artiglieria tra Collecchio ed Ozzano, il IV Gruppo Esplorante a Sala Baganza, i Cacciatori di Carro a Fornovo (PR), i Servizi e l'Intendenza a Felino (PR) e Sala Baganza. La fatica del trasferimento, le condizioni del vestiario, la situazione di dispersione in tanti nuclei, favorì la propaganda dei civili e dei partigiani che incitavano alla diserzione, oltre ad allentare la disciplina. Nei primi giorni del gennaio 1945, il Comando tedesco dette inizio all'Operazione *Totila*, un vasto rastrellamento antipartigiano nella zona montana nel parmense fra Borgo Val di Taro, Bardi, Bedonio, le retrovie di Aulla. Al rastrellamento parteciparono anche i Bersaglieri del 2° Reggimento della Divisione "Italia". Verso la metà di gennaio 1945 iniziò il trasferimento della "Italia" verso la linea della Valle del Serchio, attraverso il Passo della Cisa, Pontremoli e Aulla, trasferimento che venne effettuato soprattutto nelle ore notturne per evitare l'offesa aerea Alleata, reso ancora più arduo e faticoso per la carenza di mezzi di trasporto e per le condizioni meteorologiche proibitive, con forti precipitazioni nevose che ritardarono di molto l'arrivo in linea. Molti furono però i reparti della Divisione che rimasero nella zona del parmense, dagli Ospedali militari ai magazzini divisionali, dai presidi destinati al controllo della S.S. 62 della Cisa a quelli destinati al presidio alla linea ferroviaria Parma – Pontremoli. Solo verso la fine di gennaio iniziò lo scambio di consegne tra i Comandi. Sul fronte della Garfagnana, i Reparti della "Italia" andarono a sostituire i Reparti della "Monterosa", della "San Marco" e della 148. Infanteriedivision tedesca. Il settore delle Alpi Apuane e della Valle del Serchio divenne quindi di competenza della "Italia", alla quale rimasero aggregati il Battaglione "Intra" e il Gruppo Artiglieria "Bergamo" della "Monterosa", con il compito di aiutare l'inserimento dei Bersaglieri in linea, giunti molto provati e sfiduciati al fronte. Tra il 24 e il 26 gennaio, la Divisione venne visitata dal Duce, che volle così appurare di persona lo stato dei Bersaglieri e cercare di sollevare il morale dei soldati. Oltre al Comando di Divisione di Ozzano, Mussolini visitò anche alcuni presidi, ispezionò i reparti della zona di Collecchio, a Pontremoli e presso Aulla, per poi rientrare a Gargnano. Dal 4 all'11 febbraio gli americani lanciarono l'Operazione *Quarto Termine*, con un attacco diversivo nella Valle del Serchio e l'attacco principale nel settore costiero della Versilia, con l'obiettivo di superare la linea di resistenza costiera e giungere a Massa, scardinando quindi la *Massa Rigel* che impediva di giungere alla piazzaforte di La Spezia. Fu questa la prima vera prova del fuoco per i Bersaglieri della "Italia", anche se solo un settore era di loro competenza, in quanto la linea era ancora difesa da Alpini e Marò affiancati ai nuovi arrivati per fare esperienza. Al termine dell'offensiva americana le posizioni rimasero praticamente invariate, questo però grazie ai veterani della "Monterosa" e dalla "San Marco" che contribuirono, con i reparti della riserva tedeschi e italiani, a ripristinare le falle apertesi a causa del crollo di alcuni reparti del II Battaglione del 1° Reggimento, crollo causato dall'inesperienza bellica dei Bersaglieri e dalla scarsa qualità di alcuni ufficiali. Superata questa prova e completata la sostituzione con i precedenti reparti in linea, i Bersaglieri della "Italia" fornirono buone prove, dimostrando le loro qualità e recuperando fiducia nei propri mezzi durante la successiva permanenza al fronte. Il Comando di Divisionale venne schierato a Camporgiano, già sede del precedente Comando della "Monterosa" mentre, a partire dal 21 febbraio, il Generale Carloni riassunse il Comando della Divisione. Scattata l'offensiva finale Alleata nell'aprile 1945, la Divisione rimase saldamente attestata sulle sue posizioni pur avendo i fianchi scoperti, causa la ritirata delle Divisioni tedesche che furono costrette a cedere alla pressione delle truppe Alleate. Dal 10 aprile vennero quindi predisposti una serie di interventi, concertati tra il Generale Carloni e il Generale Fretter-Pico, Comandante della 148. Infanteriedivision, il cui obiettivo era la ritirata dei reparti verso la sponda del Po attraverso il Passo del Cerreto, per Reggio Emilia, e attraverso il Passo della Cisa per Parma, raccogliendo anche i reparti provenienti da La Spezia. Per realizzare in sicurezza tale ripiegamento, vennero predisposti una serie di capisaldi difensivi con il compito di fermare le avanguardie Alleate che avanzano lungo la costa e verso l'entroterra alle spalle della Valle del Serchio. Furono quindi costituiti due Gruppi da Combattimento, denominati "Gruppo Ferrario" e "Gruppo Zelli-Jacobuzzi" dal nome dei rispettivi Comandanti, che ebbero il compito di agire come retroguardia, per ritardare quanto più possibile l'avanzata degli Alleati. Il ripiegamento verso la Pianura Padana venne contrastato pesantemente da continui bombardamenti, che provocarono pesanti perdite in uomini, mezzi, quadrupedi e carriaggi, inoltre in alcune zone fecero la comparsa i partigiani, con azioni di cecchinaggio. Ma fu particolarmente dura l'azione dei Gruppi da Combattimento, che contrastarono, fin che ebbero forza, gli attacchi Alleati. Di rilievo i combattimenti sostenuti sul Colle Musatello e sulle quote di Viano, dove il 22 venne decimata la 1ª Compagnia del Battaglione "Mameli", del "Gruppo Ferrario", e di San Terenzo e Ceserano dal "Gruppo Zelli-Jacobuzzi". Concentrati i reparti a Fornovo Taro, il 28 avvenne l'ultimo combattimento, con il "Gruppo Ferrario" che tentò di superare il Taro per sfondare le linee Alleate e proseguire il ripiegamento, tentativo respinto dalle preponderanti forze avversarie. Il 29 aprile 1945, la 1ª Divisione "Italia" si arrese ai brasiliani della F.E.B. ricevendo l'onore delle armi.

Organigramma Divisionale

- Comandante: Generale di Divisione Giardina, poi Colonnello i.g.s. Mario Carloni, quindi Colonnello i.g.s. Guido Manardi (Generale di Brigata dal 19 agosto 1944), infine il Generale di Brigata (Generale di Divisione dal 22 febbraio 1945) Mario Carloni.
- Ufficiali Addetti: Tenente Martella, Tenente Valli, Tenente Henzel.
- Ufficio 1/A Operazioni: comandante Tenente Colonnello Teodoro Anela, poi Colonnello Luigi Tarsia, infine Tenente Colonnello Antonio Bertone.
- Ufficiali Addetti: Capitano Ferrari, Tenente Travaglia.
- Ufficio 1/B Servizi: comandante Capitano i.g.s. Tescion,; ufficiali Capitano Peradotto.
- Ufficio 1/C Informazioni: Capitano Penso, Capitano Loffredo, Capitano Ruisi.
- Ufficiali Addetti: Tenente Cambiè, Tenente Cittadini, Tenente Ulivieri, Tenente Vaccari, Sottotenente Bonato, Sottotenente Pilotti.
- Ufficio 1/D Addestramento: Tenente Verderoni.
- Ufficio 2/A Personale: Capitano Salinari, Maggiore D'Autilia.
- Ufficio 2/B Personale: Tenente Fragiacomo.
- Tribunale: comandante Tenente Colonnello Spitaleri, ufficiali Sottotenente Faranda, Capitano Pasquinangeli, Tenente Muder, Tenente Nocentini.
- Ufficio 4/A Intendenza: comandante Maggiore Pacini, ufficiali Capitano Pierallini, Tenente Giaccone, Tenente Roncarolo.
- Ufficio 4/B Sanità: Maggiore Medico Ferrari.
- Ufficio 4/C Veterinaria: comandante Capitano Veterinario Da Como-Annoni, ufficiali Sottotenente Veterinario Bardi.
- Ufficio 4/D Assistenza Spirituale: Capitano Enrico Don Saporiti.
- Ufficio 5 Trasporti: Capitano Gherardi.
- Deposito: comandante Colonnello Casanova, poi Colonnello Arpaja, ufficiali Capitano Nigrelli, Maggiore De Silva, Capitano Lo Monaco.
- Gruppo interpreti: Tenente Iselghio, Sottotenente Nascinbeni.
- Gendarmeria: Capitano Piciocchi.
- 4ª Sezione GNR: Tenente Menga.
- 7ª Sezione GNR: Tenente Beretta.
- UDOF: Capitano F. Bologna, Tenente Muner, Tenente Bracciolini.
- D.K.V. n. 180: Generale Oetchen, poi Generale Eibl.

1º Reggimento Bersaglieri
- Compagnia Comando Reggimentale
- Colonna Leggera
- I Battaglione

- II Battaglione
- III Battaglione
- 107ª Compagnia Cacciatori Carro

2° Reggimento Bersaglieri
- Compagnia Comando Reggimentale
- Colonna Leggera
- I Battaglione
- II Battaglione
- III Battaglione
- 108ª Compagnia Cacciatori Carro

4° Reggimento Artiglieria
- Batteria Comando Reggimentale
- Colonna Leggera
- I Gruppo obici da 75/13 (su Batteria Comando Gruppo e 3 Batterie)
- II Gruppo cannoni da 75/27 (su Batteria Comando Gruppo e 3 Batterie)[1]
- III Gruppo Pesante obici da 149/19 (su Batteria Comando Gruppo e 2 Batterie)
- IV Gruppo ((su Batteria Comando Gruppo e 3 Batterie)[2]

IV Gruppo Esplorante
- Reparto Comando
- 2° Squadrone Leggero
- 2° Squadrone Leggero
- 3° Squadrone Pesante

Reparti Divisionali
- IV Battaglione Pionieri
- IV Battaglione Collegamenti
- IV Battaglione Trasporti (5 colonne trasporti ed 1 magazzino)
- CIV Battaglione Complementi (mantenuto in posizione quadro)
- 4ª Compagnia Anticarro Divisionale

Reparto Sanità su:
- o 104ª Compagnia Sanità
- o 4ª Compagnia Sanità
- o IV Nucleo Chirurgico
- o IV Plotone Ambulanze

Reparto Intendenza su:
- o Compagnia Amministrazione
- o Compagnia Panettieri
- o Compagnia Macellai
- o Compagnia Veterinaria
- o Compagnia Officina
- o Compagnia Sussistenza

4ª e 7ª Sezione G.N.R.
Tribunale Militare
Deposito Divisionale

---

[1] Il II Gruppo giunto in Italia venne dotato di obici da 75/18 in sostituzione dei cannoni da 75/27, ma erano così in cattivo stato d'uso che il Comando fu indeciso se mantenere in servizio i vecchi 75/27.

[2] Il IV Gruppo Artiglieria, a seguito della riorganizzazione della Divisione nell'ultima parte dell'addestramento in Germania, non venne impiegato come tale, ma fornì il suo personale agli altri tre Gruppi del 4° Reggimento Artiglieria e venne sciolto.

Organico

Nel giugno 1944 viene segnalata una situazione di un totale di 14.183 militari, di cui 3.720 ex IMI, 9.902 affluiti dall'Italia e 561 già in zona. Alla data del 1° settembre 1944 le nuove tabelle d'armamento prevedevano: 461 Ufficiali, 1.864 Sottufficiali e 9.047 Truppa, per un totale di 11.367 militari, mentre la situazione reale presentava una forza della Divisione di 11.960 uomini, con un esubero di ufficiali e sottufficiali. La situazione organici alla data del 28 febbraio 1945 mostra una tabella con un totale di 10.962 italiani e 1.237 tedeschi tra ufficiali, sottufficiali, truppa, interpreti e personale civile, e una consistenza di effettivi di 8.831 italiani e 1.188 tedeschi.

Armamento

L'armamento individuale e di reparto era un misto di materiale tedesco e italiano, erano presenti fucili Mauser 98k e modello 91, MG42 e Breda 30 nelle mitragliatrici leggere, MG42 e Breda 37 per le pesanti, le pistole erano italiane e tedesche. I mortai erano italiani da 81 mm e tedeschi da 80mm. Molto difficile la situazione per quanto riguarda la dotazione di cannoni e obici. I Gruppi di Artiglieria erano dotati di cannoni da 75/27, di obici da 75/13 e da 149/19 italiani; giunti in Italia i cannoni da 75/27 vennero sostituiti con gli obici da 75/18. Nelle tabelle di armamento erano presenti anche 10 pezzi da 7,5 I.G.18, 4 pezzi da 15 S.I.G.35 e 17 pezzi da 7,5 Pak 40. Nella realtà, alla data del 25 gennaio 1945, il Comandante della Divisione lamentava la presenza di un solo pezzo da 15, la mancanza dei cannoni leggeri di fanteria, rimpiazzati da 3 cannoni da 65/17 senza mezzi di puntamento, quindi inservibili, della I G.M., mentre non citava la presenza degli anticarro. Da notare che gli obici da 149/19 del III Gruppo, furono ritirati pochi giorni prima di giungere in linea, quando vennero provati ci si accorse che erano senza liquido nei freni idraulici di rinculo, dovettero trascorrere molti giorni prima di poter rendere funzionanti i pezzi. Erano in dotazione anche panzerfaust.

Automezzi

La Divisione "Italia" fu la Divisione che più ebbe a soffrire la carenza di automezzi, solo il II Battaglione/1° Reggimento venne motorizzato, anche i quadrupedi erano largamente insufficienti.
La situazione al 25 gennaio 1945 era la seguente:
Automezzi   : previsti in organico 676, effettivamente presenti 123 (deficienza 553)
Quadrupedi[3]: previsti in organico 4.104, effettivamente presenti 1.281 (deficienza 2.720)
Carrette   : previste in organico 603, effettivamente presenti 142 (deficienza 461)
Al 28 febbraio la situazione dei quadrupedi era la seguente:
previsti in organico 4.684, effettivamente presenti 1.823 (deficienza 2.861)
Per i quadrupedi la situazione era grave non solo per la carenza che variò tra il 60 e il 70%, ma anche per le caratteristiche degli animali, sia i cavalli che i muli erano di piccola taglia e inadatti al traino e al someggio di carichi pesanti. Questo fatto derivava anche dalla decisione dei tedeschi che, prima del rientro della Divisione dalla Germania, si ripresero 416 cavalli da tiro per destinarli alle loro unità in formazione, confidando nel reintegro degli organici una volta giunti in Italia.
Particolarmente grave era la situazione dei trattori per il traino degli obici del III Gruppo d'Artiglieria, invece dei Breda erano stati assegnati dei vecchi Pavesi P4, assolutamente inadatti per la loro scarsa portata e per poca efficienza[4].
Gravissima poi la carenza di autocarri, su 225 in organico ne erano presenti 31, dei quali la metà inefficiente. Il numero notevole di automezzi fuori uso era motivato dalla mancanza totale delle autofficine, nessuna delle 12 previste era presente.

Caduti

Sono stati individuati 481 caduti, dei quali 19 ignoti, e 21 fucilati per diserzione o furto, tra questi 3 sono ignoti. Si tratta di Caduti sul fronte della Garfagnana e in altre zone dove i reparti della Divisione hanno operato o hanno sostato.

---

3   Nei quadrupedi sono compresi anche i muli per il Gruppo someggiato che assommavano in organico a 377 ma nella realtà erano 118.
4   Alcune testimonianze indicano invece la presenza al fronte di trattrici Breda, è possibile che queste siano state date in dotazione poco prima del trasferimento del III Gruppo in linea.

2ª Divisione Granatieri "Littorio" – II Battaglione Esplorante

Il II Battaglione Esploratori venne dislocato tra la Val Pellice e la Val Chisone, svolgendo compiti di presidio e operazioni di sicurezza nelle retrovie contro i partigiani, alla fine di aprile 1945 seguì nel ripiegamento il Comando di Divisione, arrendendosi il 5 maggio 1945 nella "Zona franca" di Strambino Romano. Primo Comandante del Battaglione fu il Capitano Fabio Galigani, sostituito poi dal Capitano Nello Presico, ed infine dal Capitano Anco Marzio Da Pas.

Organigramma
- Comando
- Reparto Comando
- 1ª Squadrone leggero
- 2ª Squadrone leggero
- 3ª Squadrone pesante

4ª Divisione Alpini "Monterosa" – Gruppo Esplorante "Cadelo"

Il Gruppo Esplorante venne costituito a Vercelli, nel gennaio 1944, con Bersaglieri provenienti dal 4° Reggimento di Torino e dal 5° Reggimento di Siena come *XXIII Gruppo Esplorante "Fiamme Cremisi"*. Nello stesso mese venne inquadrato nella 4ª Divisione Alpina *"Monterosa"*, come reparto esplorante, quindi trasferito in Germania dove compì l'addestramento nel campo di Feldstet. Rientrato alla fine di luglio in Italia, venne dislocato a Borzonasca con le funzioni di riserva divisionale. Partecipò, alla fine di agosto, alla grande operazione per la sicurezza delle vie di comunicazione alle spalle dello schieramento antisbarco. Partendo da Borzonasca marciò verso Rezzoaglio e giunse a Santo Stefano d'Aveto il 28, dopo alcuni combattimenti contro le forze partigiane e il superamento di notevoli interruzioni stradali, catturando una notevole quantità di armi e automezzi. Dopo tale operazione rimase di presidio nella Val d'Aveto, con sede a Rezzoaglio e presidi a Santo Stefano ed a fine settembre distaccò un Plotone di presidio al Passo del Bocco. Il 27 settembre, a Santo Stefano d'Aveto, con la classica imboscata partigiana, venne ucciso il Maggiore Cadelo, comandante del Gruppo ed in suo onore il Gruppo Esplorante assunse il suo nome: *"Gruppo Esplorante Cadelo"*. Ai primi di novembre, a seguito del passaggio di gran parte del Battaglione *"Vestone"* ai partigiani, effettuò rastrellamenti nella zona di Barbagelata recuperando Alpini, armi, munizioni e quadrupedi. Alla fine di ottobre venne trasferito sul fronte della Garfagnana dove, dal 2 novembre, giunto a Piazza al Serchio, fu destinato alla funzione di riserva divisionale. Ma appena due giorni dopo, il 4 novembre, mandò in linea prima un Plotone del 2° Squadrone, poi tutto lo Squadrone e quindi vi si trasferì al completo. Venne schierato ad ovest del fiume Serchio nel settore: Sassi – Eglio - Monte Grottorotondo - Le Rocchette, inserendosi tra gli alpini del Battaglione *"Intra"* e i marò del II Battaglione *"Uccelli"* della Diisione *"San Marco"*, sulla linea Case Pozza- Case Cornola, con il Potone Cannoni, armato di quattro pezzi da 75/10 da cavalleria, posto a Eglio. Purtroppo, la linea difensiva era molto rarefatta, visto che le postazioni, difese da 4 o 5 Bersaglieri, distavano l'una dall'altra due o trecento metri. Partecipò attivamente ai combattimenti difensivi a seguito delle offensive americane del mese di novembre, per la riconquista delle quote 832, 1029, 1031 e 1068 raggiunte dagli americani, quindi contrattaccò lo schieramento nemico con pattuglie in profondità. Alla fine di novembre, il 2° Squadrone subì alcuni attacchi partigiani, che portarono alla cattura di molti Bersaglieri e alla perdita di alcune posizioni. La tecnica adottata era sempre la medesima: partigiani travestiti da Bersaglieri o Alpini si avvicinavano alle postazioni e non appena entrati in esse facevano prigionieri i militari. A seguito del recupero di un carteggio di una brigata partigiana, si venne in possesso dei nominativi di quattro ufficiali del *"Cadelo"* che erano in contatto con i partigiani: tre vennero catturati e uno riuscì a fuggire. Da quel momento le aggressioni ai danni degli uomini del *"Cadelo"* finirono. Nel mese di dicembre partecipò attivamente al fallimento dell'offensiva, lanciata il 12 dagli americani della 92ª Divisione *"Buffalo"* con l'appoggio dei partigiani operanti alle spalle dei difensori, mirante alla conquista di quota 832. Durante l'offensiva *"Wintergewitter"* del Natale 1944, Il

"*Cadelo*" venne destinato a compiere una delle quattro puntate dimostrative previste dal piano d'attacco. Occupata quasi subito Calomini, aggirò Vergemoli e, attraversata la Turrite di Gallicano, raggiunse Fornovolasco e Trassilico, proseguendo quindi con l'attività delle pattuglie in profondità entro le linee nemiche, nella zona di Trombacco. Durante queste operazioni, al "*Cadelo*" venne aggregata un Plotone di Bersaglieri della 1ª Divisione "*Italia*", prima unità di questa Divisione a raggiungere il fronte. Dalla fine dell'offensiva di Natale fino al febbraio 1945, il "*Cadelo*" rimase schierato nelle posizioni apprestate sulla nuova linea difensiva. Ai primi di febbraio venne sostituito in linea dal III Battaglione del 1º Reggimento Bersaglieri della Divisione "*Italia*", iniziando il trasferimento verso la Liguria. Durante il tragitto venne inviato a sostegno della 148. Infanteriedivision tedesca, per rioccupare alcune posizioni nel settore di Massa, ed infine giunse il 23 febbraio in Liguria, collocando il Comando e due Squadroni tra Terrarossa e Borgonuovo e l'altro Squadrone a Sestri Levante. A metà marzo compì un rastrellamento nell'entroterra verso i Passi appenninici. Il 24 aprile il "*Cadelo*" si riunì a Chiavari con gli altri Reparti della "*Monterosa*", al comando del Colonnello Pasquali, e iniziò il ripiegamento verso il Po, incolonnato ad essi. Nei giorni 25, 26 e 27 aprile sostenne combattimenti di retroguardia contro le avanguardie americane sull'Entella e sulla Ruta. Il 27 aprile a nord di Uscio si arrese con l'onore delle armi.

Organigramma
- Comando
- Squadrone Comando
- 1º Squadrone leggero
- 2º Squadrone leggero
- 3º Squadrone pesante
- Autodrappello

Il 1º e il 2º Squadrone erano composti da quattro Plotoni, tre leggeri e uno pesante; i Plotoni leggeri erano composti da quattro Squadre, ogni squadra aveva una LMG 42, un mitra e un tromboncino lanciagranate; il Plotone pesante era composto da due squadre mitragliatrici pesanti SMG 42 e due squadre mortai da 80 mm. Il 3º Squadrone era composto da un Plotone anticarro, un Plotone cannoni d'accompagnamento e un Plotone pionieri.
Ogni Squadrone aveva una forza di circa 213 uomini.

Armamento
Il 3º Squadrone pesante aveva in dotazione 3 cannoni anticarro Pak 40 da 75/43 e 4 obici IG 18 da 75/10 tedeschi. Gli altri due Squadroni avevano in dotazione mitragliatrici pesanti e leggere MG42 e mortai da 80 mm. Le armi individuali erano quelle in servizio nei reparti alpini della Divisione, cioè Mauser 98K, pistole Beretta 34, mitra.

Automezzi
L'Autodrappello aveva in dotazione 20 camion Lancia ESARO e vari altri veicoli non identificati.

Caduti
I caduti accertati del Gruppo Esplorante "*Cadelo*" assommano a 42, anche se l'elenco è certamente incompleto per difetto.

III Battaglione Bersaglieri "Natisone" - Reggimento Alpini "Tagliamento"

Il 17 settembre 1943, a soli nove giorni dall'armistizio, si ricostituì ad Udine il Gruppo Battaglioni "Tagliamento" agli ordini del Console Ermacora Zuliani, già comandante della 63ª Legione della M.V.S.N. e poi del Reggimento Legionario Corazzato della Divisione "M" "Centauro" con il grado di Colonnello. Preso possesso della Caserma dell'8º Alpini, già il 23 settembre fu in grado di fornire una Compagnia O.P. e i servizi essenziali e, nonostante la proclamazione del "Litorale Adriatico" da parte dei tedeschi, riuscì ad incrementare l'organico in misura soddisfacente e, a fine ottobre, con un organico di circa 500 unità, creò dei presidi fuori la città di Udine. Con l'afflusso di volontari e di coscritti, tra la fine del '43 e i primi mesi del '44 l'organico si ampliò notevolmente, sino a raggiungere a fine febbraio i 1.412 uomini.

Risale alla data del 1° gennaio 1944 la nascita ufficiale del III Battaglione Bersaglieri *"Natisone"* su tre Compagnie, anche se a quella data si stava formando solamente la prima Compagnia. Il 22 gennaio 1944, facendo seguito alle nuove disposizioni impartite dal Comando di Reggimento, fu confermato lo schieramento del Battaglione Bersaglieri presso la sede di Udine e fu assegnata alla Compagnia in servizio il numero di 9ª Compagnia. A fine gennaio il Battaglione aveva un organico di circa 150 uomini. Il primo schieramento operativo del Battaglione si attuò il 9 febbraio, quando, a seguito di un pesante attacco della 30ª Divisione del IX Corpus jugoslavo al presidio della 2ª Compagnia del Battaglione Arditi a Faedis, un gruppo di 15 Bersaglieri rimase a potenziare il presidio. Di seguito trascriviamo le memorie di un Bersagliere inerenti questo schieramento:

"Dopo l'attacco a Faedis del 09.02.1944, condotto da una consistente formazione della 30ª Divisione del IX Korpus, una dozzina, più o meno, fra i Bersaglieri giunti di rinforzo agli uomini del presidio, vengono improvvisamente "sbattuti" in distaccamento a Canal di Grivò. Li comanda una limpida figura di soldato, recentemente scomparso: il maresciallo Degano Sergio. E non c'è bisogno di aggiungere altro. Ci infiliamo spensieratamente nella strettoia, dove, fra poche case quasi coperte dai boschi, il Grivò scende nella breve piana antistante le case di Faedis. Siamo in pochi e il nostro Comandante, che ha tra l'altro l'abitudine di dare sempre l'esempio, emana ordini chiari: niente controlli, niente posti di blocco, niente di niente. La popolazione deve essere lasciata in pace. Di giorno controlli sistematici del territorio per sentieri ed anfratti, su, fino al crinale che da Canebola per S. Antonio e Madonnina del Domm volge a Pedrosa e Valle, di notte turni a cavallo delle case, nei boschi per sorprendere chiunque voglia attaccarci di sorpresa e dare in tempo l'allarme alle postazioni che circondano Faedis. Una pacchia! La popolazione è tutta con noi."

(Bersagliere 9ª Cp.)

Il 12 febbraio un gruppo di 10 Bersaglieri con un sottufficiale vennero distaccati al presidio di Nimis. Il 14, a seguito di un nuovo attacco da parte di mongoli disertori al presidio di Nimis, il Battaglione "Natisone" ebbe il suo primo Caduto: il Bersagliere Aldo Venezian. Il 15 febbraio venne costituita la 10ª Compagnia, la seconda del Battaglione. Tra il 25 e il 27 a Nimis morirono altri due Bersaglieri per colpo accidentale di arma da fuoco. Nel mese di marzo, con l'arrivo dei volontari e dei rincalzi delle leve 1923, 1924 e 1925, il Battaglione si avvicinò alla struttura definitiva. Tra la fine del mese di marzo e il mese di maggio, il reparto attuò la sua organizzazione definitiva e venne definita l'attività che avrebbe svolto sino al termine del conflitto. Il 3 aprile 1944, venne applicata la disposizione che prevedeva la nuova organizzazione su 3 Battaglioni, 1 Compagnia Comando Reggimentale ed 1 Compagnia Addestramento. L'11 aprile il reparto assunse la sua denominazione ufficiale: "Reggimento Alpini Tagliamento". Il 18 aprile fu schierato sulla linea Prepotto – Saga - Tarvisio; un mese dopo il Reggimento si attestò su posizioni più avanzate, addentrandosi nella Valle del Baccia, dell'Isonzo e del Vipacco. L'attività era principalmente quella di guardia ad infrastrutture come ponti, gallerie, ferrovie, viadotti, reti elettriche, centrali, oltre a quella di presenza contro le infiltrazioni dei partigiani titini, che miravano ad occupare territorio italiano per poi rivendicarne il possesso a guerra finita. Iniziò quindi un lungo periodo di densa attività di perlustrazione e controguerriglia contro i partigiani slavi e italiani, con violenti scontri. Il mese di aprile fu anche il mese dove venne completata l'organizzazione finale del Battaglione "Natisone". Il 3 aprile si dispose che, nell'arco di 48 ore, il Battaglione assumesse la nuova organizzazione: 9ª e 10ª Compagnia Bersaglieri, 8ª Compagnia Alpini, che rimase a Udine per terminare l'addestramento. La numerazione delle compagnie, a fine maggio, venne infine modificata come segue: 7ª (ex 9ª), 8ª (ex 10ª) Bersaglieri, 9ª (ex 8ª) alpini. A seguito dell'ordine di costituire col Reggimento la linea di sicurezza Prepotto – Saga – Tarvisio, il 12 aprile 1944 il Battaglione si trasferì nel cividalese, attuando il seguente schieramento: Comando di Battaglione a Cividale; 9ª Compagnia con il comando a San Pietro al Natisone e distaccamenti ad Azzida, Tiglio, Pulfero e Loch; 10ª Compagnia con il comando a Cividale e distaccamenti a Sanguarzo e a Ponte San Quirino.

Il 18 maggio 1944, in ottemperanza all'ordine di attestarsi su uno schieramento più avanzato, il Battaglione ricevette l'ordine di trasferirsi nella Valle d'Isonzo assumendo, tra il 20 e il 22 maggio, il seguente

schieramento:
- Comando di Battaglione: da Cividale si trasferì a Canale d'Isonzo
- 7ª Compagnia Bersaglieri: Comando di Compagnia a Plava (1 ufficiali e 50 uomini di truppa), distaccamenti a Descla (1 ufficiali e uomini di 39 truppa) ed al Km 31 (1 ufficiali- uomini di 44 truppa);
- 8ª Compagnia Bersaglieri: Comando di Compagnia a Canale d'Isonzo (3 ufficiali e 109 uomini di truppa), distaccamenti a Ronzina (1 ufficiali e 42 uomini di truppa) ed a Salona (non è nota la consistenza);
- 9ª Compagnia Alpini: Comando di Compagnia a Volzana (2 ufficiali e 49 uomini di truppa), distaccamenti presso Diga di Sella (uomini di 31 truppa) ed a Doblari (1 ufficiali e 40 uomini di truppa).

La forza del Battaglione a tale data è di 10 ufficiali, sottufficiali in numero non noto, 404 uomini di truppa.

Nel trasferimento, una delle colonne che trasportava la 7ª e l'8ª Compagnia venne attaccata nel tratto tra Cighino e Sella di Sotto:

".... Alla prima scarica rimaneva ferito l'autista del primo automezzo, Sergente Luigi Venuti, in seguito deceduto, e due Bersaglieri: gli altri scendevano dal camion, appostandosi e reagendo al fuoco. Anche l'altra macchina veniva attaccata e così la terza, il cui personale si disponeva a difesa a terra per impedire che l'avversario si avvicinasse alle macchine in sosta. Si sviluppava così un violento scontro cui partecipavano – attirati dagli spari – un plotone della 9ª Compagnia di stanza a Sella di Sotto e un plotone di Bersaglieri del Battaglione "Benito Mussolini". Tali reparti giunsero a combattimento ultimato, poiché dopo 30 minuti di fuoco, i partigiani desistevano dalla lotta, ritirandosi in montagna."
(dal Diario Storico del Reggimento)

Le perdite furono di 3 caduti, 2 dispersi e 9 feriti.

Lo schieramento del III Battaglione, dalla casa cantoniera al Km. 31 a sud di Plava fino a Volzana, alle porte di Tolmino, comprendeva tutto il medio corso dell'Isonzo, lo schieramento fu subito sottoposto ad attacchi a Doblari e a Plava. Il 26 giugno 1944 a Brillasse presso Plava, una pattuglia venne attaccata da formazioni partigiane, che si ritirarono non appena arrivarono rinforzi. L'8 giugno alle ore 3, una formazione partigiana valutata in un centinaio di uomini, attaccò il presidio di Descla, dove erano presenti 4 sottufficiali e 30 Bersaglieri. Dopo un'ora di combattimento i partigiani si ritirarono con 2 morti e 10 feriti. Perdite subite: 2 Bersaglieri feriti. Anche il Diario del Cappellano Militare si sofferma sul combattimento di Descla:

"Trecento partigiani, con armi automatiche e mortai, provenienti dalla Bainsizza, attaccano i trenta uomini e i quattro sottufficiali del caposaldo di Descla. Dopo un'ora di combattimento si ritirano con molti feriti, lasciando a terra due loro compagni caduti, due nostri feriti."
(testimonianza del Cappellano Militare)

Il caposaldo al Km. 31, che per la sua ubicazione e per i suoi compiti previsti di sorveglianza e di sicurezza della strada nazionale, alle porte di Salcano, subiva continue azioni di disturbo con tiri dal Sabotino e con attacchi ravvicinati, la sera del 13 giugno venne attaccato pesantemente da numerose forze partigiane. Dalla relazione del Comando di Reggimento al Maresciallo Graziani:

"La sera del 13 giugno, alle ore 21, il distaccamento del Km. 31, sulla rotabile Tolmino – Gorizia, viene attaccato da una forte banda partigiana, valutata a circa 350 uomini, armata di armi automatiche e mortai. La forza del distaccamento era 1 ufficiali, 3 sottufficiali e 32 uomini di truppa, al comando del Sottotenente Geraci. I partigiani occupavano posizioni dominanti l'accantonamento, dato che questo è dislocato sul fondo valle. Dopo cinque ore di combattimento, ricco di alterne vicende, sopraggiungeva in rinforzo, da Gorizia, circa mezza compagnia di Camicie Nere e di "SS", autocarrata. Senonché l'autocolonna veniva bloccata dai partigiani e minacciata d'aggiramento. Il Sottotenente Geraci, allora, con un'audace sortita alle spalle degli attaccanti, fatta con una parte dei suoi uomini, riusciva a rompere il cerchio ed a stabilire il contatto con l'autocolonna, rientrando all'accantonamento con tutti i suoi componenti. Subito dopo però i partigiani tornavano violentemente all'attacco del distaccamento. Il combattimento durò accanito fino alle ore 16 del giorno successivo, allorquando i partigiani, causa le perdite subite specie ad opera di un nostro mortaio) furono costretti a ritirarsi in disordine. Bilancio del combattimento:

da parte nostra: 4 feriti
da parte partigiana: 6 morti; 12 feriti."

Il 14 giugno in una azione di pattuglia cade a Zagomila il caporale Fogolin, unBbersagliere catturato nel corso dello scontro riesce a fuggire a rientra al presidio del Km. 31. Nella notte consistenti formazioni partigiane attaccano Auzza e Canale d'Isonzo. Dal Diario Storico:

"14 giugno 1944 – Nella notte scorsa elementi partigiani hanno fatto saltare in vari punti la rotabile nel tratto Descla – Gorizia. La notte stessa, dalle ore 23 alle ore 6:30, ingenti forze partigiane hanno attaccato il presidio di Auzza che è stato sopraffatto ed hanno fatto saltare il ponte ferroviario. Una nostra pattuglia (N.d.A.: di Bersaglieri da Ronzina al comando del Sergente Antonio Dessena) accorreva ai disperati appelli: a seguito di colpi di mortaio sono deceduti il Sergente Dessena Antonio e il bersagliere Urbani Cesare. La notte medesima, alle ore 24, il distaccamento di Canale d'Isonzo è stato attaccato frontalmente da rilevanti forze partigiane che, suddivise in tre gruppi, iniziavano un nutrito fuoco di armi automatiche pesanti e leggere. Il fuoco del presidio suscitava un combattimento che terminava alle ore 2,30 con la fuga degli attaccanti. Nell'azione restava ucciso il Bersagliere Maurano Antonio, classe 1927, caduto al grido di "Viva l'Italia". Altri due Bersaglieri restavano leggermente feriti. Le perdite partigiane devono essere state rilevanti a giudicare degli indizi rilevati in seguito. Il contegno dei bersaglieri è stato ottimo, il morale elevatissimo."

Il giorno successivo il Diario Storico ritorna sull'attacco a Canale con una precisazione:

"... Una brigata di tre Battaglioni, con forza complessiva di 300 uomini. I partigiani hanno subito rilevanti perdite, accertate in 7 morti fra cui il comandante di brigata."[5]

In merito all'attacco al presidio di Auzza, un casello ferroviario che ha il compito di difendere il ponte ferroviario di importanza vitale sulla linea Gorizia – Piedicolle – Klagenfurt, difeso dai militi del XIV Battaglione Difesa Costiera., trascriviamo stralci della relazione di un Bersagliere della 8ª Compagnia che ha partecipato al combattimento, distaccato al caposaldo di Ronzina:

"... In linea d'aria dal distaccamento di Ronzina ci saranno 400 metri. Gli spari aumentano di intensità, man mano che la notte si fa più buia: è segno che anche questa volta i partigiani del IX Corpus hanno intenzione di fare sul serio. Si capisce pure che le formazioni partigiane attaccanti devono essere numerose. Da noi è scattato l'allarme, e tutti sono nelle postazioni: abbiamo il compito di mantenere la viabilità sulla strada isontina Gorizia – Canale – Piedicolle, che si trova sulla sponda destra dell'Isonzo. L'intensità di fuoco contro il casello ferroviario va aumentando continuamente. È chiaro che l'obiettivo delle forze partigiane slave è quello di far saltare il ponte ferroviario. I partigiani lanciano bengala, i colpi di mortaio si susseguono continuamente, mentre le mitragliatrici cantano lugubremente. I militi del Costiero sono forse una decina, suddivisi tra la postazione sul ponte e quelli nel casello, ma rispondono al fuoco con notevole arditezza e grande temerarietà, pur sapendo che le munizioni in dotazione non potranno resistere a lungo. Ad un certo punto, infatti si presenta alle nostre postazioni un milite del Costiero per chiedere munizioni, coscienti che dovranno resistere almeno fino alle prime luci del giorno. Il Sottotenente Carandente, comandante del distaccamento bersaglieri di Ronzina, non accede alla richiesta, anche perché siamo dotati di mitragliatrici di altro tipo. Viene allora formata una pattuglia di volontari per dare rinforzo ai militi di Auzza: è comandata dal Sergente Dessena, e fanno parte Urbani, Zanet, altri due bersaglieri ed il sottoscritto. Il milite ci precede, e noi scendiamo lungo il costone su un sentiero a zig-zag cercando di nasconderci tra i radi cespugli. Un bengala ci illumina. I titini ci hanno avvistato e dirigono i bombardamenti con il mortaio verso la nostra pattuglia. Il sergente ci dà ordine di distanziarci, coprirci tra i cespugli, cercando, ognuno per proprio conto, di raggiungere il casello ferroviario. Io seguo Dessena, poi Urbani e Zanet, quindi gli altri. Subito un colpo di mortaio nelle nostre vicinanze, poi due, poi tre. Il Sergente si accascia presso un cespuglio. Mi incita: "Vai avanti!". Corro lungo il pendio. Traverso di corsa il ponte sospeso sull'Isonzo e raggiungo, dal retro, il casello ferroviario. Un milite, con il mitra spianato, si accorge appena in tempo che sono un Bersagliere, e mi chiede che cosa <u>sono venuto a fare</u>. Aveva ragione. Avevo con me qualche caricatore per la carabina e un paio di bombe a mano.

[5]   L'attacco ad Auzza e Canale venne condotto dalla 30ª Divisione del IX Corpus con le Brigate: 18ª "Basoviska" e 17ª "Simon Gregorcic" impegnate nell'attacco frontale, rispettivamente contro la 4ª Compagnia del XIV Battaglione D.C. (Auzza) e l'8ª Compagnia Bersaglieri (Canale), e la 19ª "Strenko Kosovel" e 14ª "Garibaldi Trieste" in copertura ai lati dello schieramento. Le forze contrapposte furono di circa 200 uomini tra militi confinari e bersaglieri e circa 3000 partigiani della 30ª Divisione, anche se nell'attacco vero e proprio gli uomini impiegati dalle due Brigate furono di circa 800/900 uomini per ciascuna Brigata

Mi da allora un consiglio: "Torna indietro, Oltrepassato il ponte sospeso non ripercorrere il sentiero, ma prendi sulla destra, che sarai più nascosto dagli alberi." Mortificato, eseguo le indicazioni del milite. Ma devo ripassare il ponte sospeso, che è tutto scoperto. Aspetto un bengala. Lascio che si spenga, e poi con tutto il fiato e l'energia possibile ripercorro il ponte. Verso la fine inciampo. Mi rialzo. Le mitragliatrici partigiane continuano a sparare, ed io mi butto con un salto nel bosco. Ce l'ho fatta! Per prima cosa constato che sono illeso e tiro un gran sospiro di sollievo; poi mi accorgo che sono rimasto solo. Non posso fare altro che raggiungere il mio distaccamento. Mi inerpico. Arrivo ad un certo punto sulla strada e di corsa raggiungo il nostro posto di blocco, dove c'è ad attendermi il Sottotenente Carandente. Chiedo dove sono gli altri componenti della pattuglia e poi, gridando in modo esagitato, dico che il Sergente Dessena è rimasto ferito, e bisogna andare a prenderlo. Mi risponde che sono tutti rientrati, ma manca ancora il Bersagliere Urbani. Intanto l'attacco alla ferrovia continua con sempre maggiore intensità. Le armi automatiche pesanti e leggere aumentano il volume di fuoco e al casello ferroviario è tutto un crepitio, ed un susseguirsi di traccianti e scoppi di mortaio. I militi rispondono con grande audacia, lanciando bombe a mano al di là dei binari, dove i partigiani sono arrivati. Alle 5:20 del mattino una grande esplosione, quasi un fuoco d'artificio: i partigiani slavi sono riusciti a far saltare il ponte ferroviario di Auzza, dopo sette ore di duro combattimento. Una pattuglia di Bersaglieri del distaccamento recupera, frattanto, le salme del Sergente Antonio Dessena e del Bersagliere Cesare Urbani."

(Capitano Maggiore A.U. Lino Quaia)

Nei mesi di agosto e settembre, il III Battaglione "Natisone" venne sciolto e le sue Compagnie venenro accorpate alla Compagfnia Comando Reggimentale ed al Comando, tale decisione viene presa per la carenza degli organici. A fine aprile il Reggimento, con il Comando, la C.C.R. e il I Battaglione, si spostò a San Pietro al Natisone, dove fu raggiunto dal II Battaglione, il 30 aprile tutto il Reggimento al completo si spostò a Spignon, dove depose le armi.

Struttura del Reggimento "Tagliamento"

- Compagnia Comando Reggimentale
- Gruppo Combattimento "Montenero"
- I Battaglione Alpini "Isonzo" su:
  - 1ª Compagnia
  - 2ª Compagnia
  - 3ª Compagnia
- II Battaglione Alpini "Vipacco" su:
  - 4ª Compagnia
  - 5ª Compagnia
  - 6ª Compagnia
- III Battaglione misto Bersaglieri e Alpini "Natisone" su:
  - 7ª Compagnia
  - 8ª Compagnia
  - 9ª Compagnia

Organico

- Compagnia Comando Reggimentale = 280 uomini
- Gruppo Combattimento "Montenero" = 210/260 uomini
- I Battaglione = 450 uomini
- II Battaglione = 450 uomini
- III Battaglione = 450 uomini

Nel febbraio '44 il totale degli effettivi in servizio era di 1.412 militari.
Nel marzo '45 il totale degli effettivi in servizio era di 1.350 militari.

Caduti

Su un totale di circa 2.000 uomini transitati nel Reggimento, si contano 506 caduti, 69 dispersi, 45 trucidati e oltre 600 feriti.

3° Reggimento Bersaglieri

Il 3° Reggimento Bersaglieri si costituì a Milano subito dopo l'8 settembre, attorno al Tenente Colonnello Tarsia, che non aveva accettato la capitolazione e si portò presso il comando della M.V.S.N. del capoluogo, accordandosi per la ricostituzione del 3° Reggimento: il 27 settembre rinacque così il Reggimento. All'appello del Tenente Colonnello Tarsia risposero molti ufficiali, sottufficiali e Bersaglieri che non avevano accettato l'Armistizio, oltre a militari di altri corpi ed a numerosi studenti universitari lombardi, che accorrevano ad arruolarsi. In poche settimane si riuscirono a costituire il Comando, il Reparto Comando e 4 Battaglioni: il XX, il XVIII, il LI e il XXV. Il 10 ottobre 1943 il Colonnello Tarsia dichiarò ufficialmente ricostituito il 3° Reggimento ed il 31 si presentò al Quartier Generale dell'E.N.R. per informare il Maresciallo Graziani che il Reparto era pronto all'impiego al fronte. A fine novembre, per ordine del comando germanico (che non gradisce l'impiego del Reggimento al fronte) l'unità venne trasferita nella zona di Alessandria, per proseguire l'addestramento ed essere poi destinata alla difesa costiera. Il 29 gennaio 1944, a Tortona, e il 30, ad Alessandria, terminato l'addestramento, i Battaglioni a ranghi completi prestano giuramento. Il 15 febbraio, sempre a seguito di decisioni assunte dai Comandi tedeschi, i Battaglioni del 3° Reggimento diventano autonomi, cambiano la numerazione, ed il 20 iniziano il trasferimento in Liguria, dove andranno a schierarsi sulla costa con il compito di difesa costiera. Il Comando del 3° Reggimento rimane ad Alessandria assumendo la denominazione di "*Ispettorato truppe Italiane in Liguria*". Il 30 marzo, a seguito dell'inserimento dei Battaglioni Bersaglieri nelle grandi unità tedesche schierate in Liguria, l'Ispettorato venne sciolto. Si concludeva così la storia del 3° Reggimento Bersaglieri[6].

Struttura ed organico

Comando (Milano, poi Alessandria)
- o Comandante: Tenente Colonnello Alfredo Tarsia
- o Aiutante Maggiore: Capitano Giuseppe Fadigati
- o Ufficiali: Capitano Edoardo Penzo, Capitano Pignolini, Tenente Medico Ugo Broglia, Tenente Giuseppe Petrone
- o Ufficiale Cappellano: Tenente Sante Don Bordignon
- · Reparto Comando Reggimentale (Capitano Edoardo Penzo)
- · Deposito Reggimentale (Capitano Vittorio De Bonis)

I Battaglione (LI) su:
- o Compagnia Comando
- o 1ª Compagnia
- o 2ª Compagnia
- o 3ª Compagnia
- o 4ª Compagnia

II Battaglione (XX) su:
- o Compagnia Comando
- o 5ª Compagnia
- o 6ª Compagnia
- o 7ª Compagnia
- o 8ª Compagnia

III Battaglione (XXV) su:
- o Compagnia Comando/
- o 8ª Compagnia
- o 9ª Compagnia
- o 10ª Compagnia
- o 11ª Compagnia

---

6   Il Colonnello Tarsia e alcuni suoi collaboratori formarono un Comando a disposizione del Centro Costituzione Grandi Unità di Vercelli, con il compito di organizzare un Reggimento Bersaglieri di marcia da inserire nella Divisione "Italia".

- o 12ª Compagnia

IV Battaglione (XVIII) su:
- o Compagnia Comando
- o 13ª Compagnia
- o 14ª Compagnia
- o 15ª Compagnia
- o 16ª Compagnia.

CI Battaglione Complementi su:
- o Comando
- o Nucleo Comando
- o 1ª Compagnia
- o 2ª Compagnia
- o Batteria accompagnamento

A fine gennaio, in occasione della cerimonia del giuramento, il Reggimento contava 5.000 uomini

Caduti

I caduti accertati del Comando del 3° Reggimento assommano a 3, ma l'elenco è certamente incompleto.

CI Battaglione Complementi Bersaglieri

Venne costituito nel marzo del '44 ad Alessandria con il compito di arruolare ed addestrare truppa per i Battaglioni del 3° Reggimento; con l'autonomia dei quattro Battaglioni, mutò la sua denominazione in *"I (CI) Battaglione Complementi Bersaglieri Difesa Costiera"*, trasferendosi a Novi Ligure nell'autunno del '44. Con il rientro del IV Battaglione dal fronte Appenninico, il Battaglione Complementi si sciolse. Il reparto aveva la seguente struttura:

- Comando
- Nucleo Comando
- 1ª Compagnia Bersaglieri
- 2ª Compagnia Bersaglieri
- Batteria cannoni da fanteria

I (LI) Battaglione Bersaglieri Volontari Difesa Costiera

Dislocato a difesa della città di Genova con presidio ad opere permanenti e compiti di difesa antisbarco antiaerea e dei piccoli convogli litoranei diretti da Genova a La Spezia, il I Battaglione ebbe presidi a Nervi, Quinto, Pieve Ligure, presso la Diga foranea, a Punta Vagno, Lido di Albaro, Quezzi, Batteria Stella, Foce del Bisagno, eccetera, dipendeva per l'impiego dal Gruppo "Meinhold" che presidiava la Grande Genova. Il Battaglione a fine aprile '45 non si arrese, ma venne quasi completamente distrutto in furiosi combattimenti contro le avanguardie della 92ª Divisione "Buffalo" e contro i partigiani. Comandante del Battaglione fu il Tenente Colonnello Garibaldo Giovan Battista.

Struttura ed organico
- Compagnia Comando
- 1ª Compagnia
- 2ª Compagnia
- 3ª Compagnia
- 4ª Compagnia

La forza totale del Battaglione assommava a 35 ufficiali, 98 sottufficiali e 660 uomini di truppa.

Caduti

I caduti accertati del I Battaglione assommano a 11, ma l'elenco è certamente incompleto.

Armamento

Ogni plotone disponeva di 3 fucili mitragliatori, 1 mitragliatrice Fiat modello 35 ed ogni compagnia aveva in organico un plotone mortai da 81mm. Dislocato in postazioni fisse intorno a Genova, il Battaglione impiegò mitragliatrici Breda 37 e Saint Etienne, cannoni da 47/32 e 65/17. In alcune postazioni utilizzò anche cannoni da 75/18, da 105/28, mitragliere Breda 20mm e 13,2mm.

II (XX) Battaglione Bersaglieri Volontari Difesa Costiera

Il II Battaglione Bersaglieri Difesa Costiero venne inviato il 20 febbraio a Savona presso le caserme di Legino, assumendo, dopo un mese di continuo addestramento, la difesa del litorale da Varazze ad Albenga, alle dipendenze della 34. Infanteriedivision Tedesca, con la seguente dislocazione dei reparti: Comando e Compagnia Comando a Savona, 5ª Compagnia da Varazze a Savona esclusa, 6ª Compagnia da Savona a Pietra Ligure esclusa, 7ª Compagnia da Pietra Ligure ad Albenga esclusa, 8ª Compagnia ad Albenga. I Bersaglieri utilizzarono postazioni fortificate e bunker, costruiti per la difesa costiera, dall' Organizzazione Todt. Durante il periodo che va dalla fine di marzo ad agosto, il Battaglione ebbe a subire numerosi bombardamenti aerei. Lo schieramento del II Battaglione Difesa Costiera era destinato a consentire il primo intervento contro eventuali sbarchi, possibili lungo le coste liguri di ponente, data la conformazione del terreno. A seguito dello sbarco Alleato in Provenza, e dello schieramento della Divisione di Fanteria di Marina "*San Marco*", tra il 20 e il 31 agosto il II Battaglione venne trasferito verso la frontiera francese. Il trasferimento venne effettuato a piedi, mentre i materiali furono trasportati con carri trainati da quadrupedi e le munizioni con bettoline vie mare. Il 31 agosto lo schieramento del Battaglione era completato, con la seguente dislocazione dei reparti: Comando e Compagnia Comando ad Arma di Taggia, 5ª Compagnia da Monte Pozzo a Grimaldi sulla frontiera francese, aggregata al II Battaglione del 253° Reggimento Granatieri tedesco; 6ª Compagnia da Santo Stefano a San Lorenzo a Mare; 8ª Compagnia da Grimaldi a Bordighera, 7ª Compagnia fra Ceriana e Taggia. La 5ª Compagnia era collegata con unità tedesche sulla destra e con l'8ª Compagnia sulla sinistra. In quel periodo venne costituita una nuova compagnia, la 9ª, avente un organico ridotto con non più di 60/70 effettivi, con il compito di provvedere alla protezione delle vie di comunicazione e la sicurezza contro le formazioni partigiane. Sul confine i Bersaglieri vennero a contatto con le truppe francesi, nella zona del Grammondo, e americane, nella zona di Grimaldi, con frequenti scontri di pattuglie, scaramucce nella terra di nessuno e caduti per le mine. Vennero effettuate numerose azioni con lo scopo di catturare prigionieri, per carpire informazioni utili alla difesa del settore. Verso la fine di agosto e soprattutto nel mese di settembre, in concomitanza alle operazioni alleate in Provenza, si intensificarono gli attacchi partigiani alle postazioni dei Bersaglieri. Il 24 agosto, causa il tradimento del Comandante del Plotone, i partigiani entrarono nella caserma e catturarono tutto il II Plotone della 7ª Compagnia a Ceriana, 30 uomini con l'armamento completo, compreso un mortaio da 81[7]. Solo due Bersaglieri riuscirono ad evadere dalla prigionia dopo due settimane e a rientrare al reparto. Il 17 settembre due pattuglie caddero in un'imboscata dei partigiani, subendo pesanti perdite. Il 25 settembre, la 9ª Compagnia operò un rastrellamento nella zona di Badalucco e poi si portò all'attacco della stessa località, sede di un comando partigiano. La scarsa consistenza delle forze, la poca conoscenza del territorio, l'orografia della zona che si prestava alle imboscate, venne sfruttata dai partigiani che, nascosti nella boscaglia e fra le rocce, semi distrussero la Compagnia. I Bersaglieri lamentarono 28 Caduti, tra i quali il Comandante della Compagnia Tenente Inglese, molti Bersaglieri vennero uccisi dopo la fine dello scontro. L'intervento di altri reparti di Bersaglieri e di truppe tedesche salvò la 9ª dall'annientamento totale e permise il recupero dei Caduti e dei feriti. Il 30 dello stesso mese venne nuovamente attaccato il presidio di Ceriana, grazie al tradimento di due disertori tedeschi, che agevolarono l'ingresso dei partigiani in alcune postazioni difensive del paese. Dopo l'iniziale successo, che comportò la cattura di 10 Bersaglieri, scattò l'allarme e la pronta reazione dei militari del presidio, che, dopo alcune ore di combattimento, respinsero l'attacco. I partigiani posero allora l'assedio alla cittadina, con l'intento di farlo cadere[8]. Un civile riuscì ad arrivare al Comando di Battaglione a Taggia, avvisandolo della

[7]   Si trattava del Tenente De Sanctis che, con la complicità del sergente Baldo, consegnò il Plotone ai partigiani.
[8]   Nell'occasione dell'attacco al presidio di Ceriana, secondo quanto scritto da un partigiano in una pubblicazione del dopoguerra, i partigiani, per ottenere la resa del presidio, avrebbero utilizzato alcuni Bersaglieri catturati come scudo per coprire la loro avanzata, ma tale espediente non sortì l'effetto sperato, in quanto i difensori continuarono il fuoco facendo fallire l'attacco. Secondo la testimonianza di reduci presenti allo scontro,

situazione venutasi a creare a Ceriana. Partirono quindi alcuni tedeschi, con una mitragliera da 20 e un obice da 150 al traino di un autocarro, che indisturbato arrivò a Ceriana, scoprendo che i partigiani si erano ormai dileguati. I tedeschi procedettero quindi al bombardamento con l'obice, dell'abitato di Badalucco. Dopo questo combattimento, fino alla fine del presidio della 7ª Compagnia a Ceriana, i partigiani non crearono più problemi nella zona e la 9ª Compagnia venne immediatamente ricostituita e continuò nella sua opera di sorveglianza nelle retrovie del fronte. A metà gennaio venne predisposto un nuovo schieramento del Battaglione: la 6ª Compagnia più un Plotone della 7ª fu disposto da Montepozzo a Grimaldi, la 5ª Compagnia da Camporosso a Bordighera, con avamposti a Grimaldi e Mortola, la 7ª Compagnia da Bordighera a Sanremo, l'8ª Compagnia da Grimaldi a Camporosso, il Comando e Compagnia Comando a Ceriana, la 9ª Compagnia a Bajardo. A febbraio la 6ª e la 7ª Compagnia diedero il cambio alla 5ª, che si collocò tra San Lorenzo al Mare e Santo Stefano al Mare, mentre le altre Compagnie si schierarono tra Imperia e Ponte San Luigi, controllando la Valle Argentina e le località retrostanti. Tale schieramento venne mantenuto sino al 23 aprile 1945. Tra il 23 e il 24, il Battaglione, obbedendo all'ordine di ripiegamento giunto dal Comando della 34. Infanteriedivision, concentrò tutte le compagnie sulla Via Aurelia ed iniziò il ripiegamento verso il Piemonte in direzione di Ceva, lasciando la 6ª Compagnia in retroguardia con compiti di sostegno ai pionieri tedeschi impegnati nelle distruzioni di alcune infrastrutture. Dopo aver sostenuto alcuni combattimenti con forze partigiane a Sanremo il 24, lungo il percorso Ormea – Garessio - Ceva – Mondovì, compiuto tra il 26 e il 29 aprile, la 6ª Compagnia si ricongiunse al Battaglione a Savigliano. Il II Battaglione al completo, proseguendo quindi lungo l'itinerario seguito dalla 34. Infanteriedivision del Generale Lieb, raggiunse Courgnè e infine Quagliuzzo, dove, la sera del 3 maggio, si sciolse.

Struttura ed organico

Comando (a Savona, poi Arma di Taggia)
o   Comandante: Maggiore Guido Castellari, poi Maggiore Antonio Mistretta, infine Capitano Pietro Borroni
o   Aiutante Maggiore: Tenente (poi Capitano) Giannone
o   Ufficiali: Capitano Giovanni Francoletti, Tenente Cuneo, Tenente medico Ugo Broglia

Compagnia Comando
o   Comandante: Capitano Giovanni Francoletti (poi ai Rifornimenti), poi il Tenente Salvatore Salvato

5ª Compagnia Bersaglieri
o   Comandante Capitano Pietro Borroni, poi il Tenente Domenico Boni
o   Ufficiali: Sottotenente Sergio Bandera, Sottotenente (poi Tenente trasferito alla 9ª) Buratti, Sottotenente Casalini, Sottotenente Mariotti, Tenente De Benedetti

6ª Compagnia Bersaglieri
o   Comandante: Capitano Josia
o   Ufficiali: Tenente Spoto, Sottotenente Acerbi

7ª Compagnia Bersaglieri
o   Comandante: Capitano Italo Giannelli
o   Ufficiali: Tenente Ezio Cecchini, Sottotenente Carrieri, Sottotenente De Sanctis, Sottotenente Perucchetti, Tenente Visintin

8ª Compagnia Bersaglieri
o   Comandante: Sottotenente Ezio Cecchini, poi il Capitano Ugo Bologna
o   Ufficiali: Sottotenente Acerbi, Tenente Boni (poi alla 5ª), Sottotenente Cestino, Sottotenente Longo

---

non avvenne nulla di quanto descritto nel libro dall'ex partigiano, in quanto non fu effettuato alcun attacco allo scoperto a Ceriana. Invece, per risolvere l'impasse, i partigiani inviarono un Bersagliere al comando di Ceriana con una richiesta di resa, pena la fucilazione di tutti i tutti i prigionieri in caso di rifiuto. Il Bersagliere Luigi Visconti, latore del messaggio partigiano, giunto davanti al Comandante del presidio perorò invece la difesa, e portò quindi ai partigiani il messaggio che il presidio non si sarebbe arreso. I partigiani si ritirarono ma, giunti nei pressi di Bajardo, fucilarono 8 tra graduati e Bersaglieri, ultimo a morire proprio il Bersagliere Luigi Visconti.

9ª Compagnia Bersaglieri
- o Comandante: Tenente Francesco Inglese, poi il Tenente Franco Buratti
- o Ufficiali: Tenente Cappuccio, Sottotenente Cestino, Sottotenente Quartarolo

La forza del II (XX) Battaglione Difesa Costiera, secondo Pisanò[9], assommava a 36 ufficiali, 141 sottufficiali e 740 uomini di truppa; dalle testimonianze di alcuni Reduci l'organico del Battaglione viene invece calcolato in circa 400/500 militari, ridotti a non più di 300 unità verso la fine del conflitto.

Armamento
L'armamento individuale era quello tipico della fanteria italiana: fucili modello '91, fucili mitragliatori Breda 30, pistole Beretta 34, qualche MAB, alcune armi recuperate ai partigiani e dai lanci alleati. Ogni compagnia era dotata di 2 mortai 81 mm, 1 pezzo anticarro da 47/32 ed alcune mitragliatrici.

Automezzi
Non risultano autocarri in dotazione al Battaglione, per il trasporto dei materiali vennero utilizzati carri trainati da quadrupedi e muli.

Caduti
I caduti accertati del II Battaglione Bersaglieri Difesa Costiera assommano a 83, ma l'elenco è certamente incompleto. Tra questi Caduti solo 11 sono da addebitare al fuoco nemico, soprattutto a causa dei bombardamenti, mentre ben 64 vennero uccisi dai partigiani e gli altri 8 morirono a causa di incidenti o per malattie contratte per causa di guerra.

III (XXV) Battaglione Bersaglieri Volontari Difesa Costiera

Il Battaglione venne inviato in Liguria dove assunse lo schieramento da Varazze (GE) a Genova esclusa, con il comando del Battaglione a Bolzaneto (GE). L'attività principale del reparto fu di presidio della costa in funzione antisbarco, usufruendo dei bunker e delle postazioni predisposte., operando alle dipendenze del Gruppo *Meinhold*. Nella tarda primavera del '44, una Compagnia, rinforzata con elementi del XX Battaglione, venne inviata nella isola d'Elba, nell'estate un'altra Compagnia venne dislocata nella zona di Lavagna (GE). Nell'aprile del '45 il Comando e le Compagnie schierate nel ponente seguirono le forze uscite da Genova, la Compagnia dislocata a Lavagna si unì alle truppe della Divisione *Monterosa*. Il Battaglione cessò di esistere tra il 28 e il 30 aprile, dopo la resa dei reparti ai quali era aggregato. Primo comandante del Battaglione il Capitano Paggiarino, successivamente il Capitano Falomi Giuliano.

Struttura ed organico
- Compagnia Comando
- 9ª Compagnia
- 10ª Compagnia
- 11ª Compagnia
- 12ª Compagnia

La forza totale del Battaglione assommava a 27 ufficiali, 130 sottufficiali e 700 uomini di truppa

Caduti
I caduti accertati del III Battaglione assommano a 7, ma l'elenco è certamente incompleto.

Armamento
Ogni plotone era dotato di 3 fucili mitragliatori, 1 mitragliatrice ed 1 mortaio 81 mm.

IV (XVIII) Battaglione Bersaglieri Volontari Difesa Costiera

Il Battaglione si dislocò a La Spezia, con le compagnie posizionate tra Rapallo (GE) e La Spezia esclusa, con funzioni antisbarco, compito molto delicato a causa della conformazione della costa molto frastagliata e dipendeva operativamente dalla Brigata di Fortezza *Almers*. Con l'arrivo dei reparti della Divisione *Monterosa*, il Battaglione venne inviato sul fronte sud, dove entrò in contatto con gli americani e i partigiani della zona, successivamente, nel settembre del '44, venne trasferito sul fronte

[9] Cfr. Giorgio Pisanò, "Gli ultimi in Grigioverde", C.D.L. Edizioni, 1994.

dell'Appennino bolognese, dove partecipò, inserito nello schieramento tedesco, ad aspri combattimenti. Il comando venne dislocato a Riolo di Vergato (BO). Nel novembre del '44 il Battaglione andò a riposo a Noceto (PR), quindi rientrò a Tortona (AL) e cessò di esistere ad Alessandria il 28 aprile 1945. Primo comandante del Battaglione il Maggiore Grana Piero, successivamente il Capitano Bisio Giovanni, quindi il Capitano Grotti, infine il Capitano Bisio Giovanni.

Struttura ed organico
- Compagnia Comando
- 13ª Compagnia
- 14ª Compagnia
- 15ª Compagnia
- 16ª Compagnia

La forza totale del Battaglione assommava a 43 ufficiali, 117 sottufficiali e 950 uomini di truppa

Caduti
I caduti accertati del IV Battaglione assommano a 2, ma l'elenco è certamente incompleto.

Armamento
Nelle postazioni fisse sulla costa i reparti del Battaglione usufruirono di mitragliere antiaeree, cannoni antinave, mitragliatrici pesanti. L'armamento individuale era di origine italiana: fucile e moschetto '91, pistole Beretta, fucili mitragliatori Breda 30, MAB, mitragliatrici Breda e Fiat.

1° Reggimento Bersaglieri di Marcia

Era costituito dal XXVI Battaglione Bersaglieri, ricostituitosi a Torino tra settembre e l'ottobre del '43, e dal Battaglione Bersaglieri di Formazione, ricostituitosi ad Asti, con l'intento di ricostituire il 4° Reggimento Bersaglieri. L'impossibilità di ricostituire il 4° e la necessità di rinforzare i reparti Bersaglieri della costituenda Divisione "Italia" in addestramento in Germania, provocò la riunione dei due Battaglione a Torino nel "*1° Reggimento di Marcia*" il 1° aprile 1944, il giorno 5 il comando del Reggimento venne assunto dal Tenente Colonnello Tarsia. Riordinati i due Battaglioni, al completo di uomini e armamento, il Reggimento mutò la propria denominazione in "*1° Reggimento Bersaglieri di Formazione Italia*". Alla fine del mese di maggio '44, il Reggimento, a scaglioni, partì da Vercelli, dove si era nel frattempo trasferito, per raggiungere entro il 31 maggio il campo di addestramento di Heuberg dove era in approntamento la Divisione Bersaglieri "*Italia*". Il giorno successivo il reggimento venne sciolto e i suoi uomini passarono a far parte dei vari reggimenti della Divisione, gran parte del XXVI Battaglione confluì nel IV Gruppo Esplorante Divisionale.

Reggimento Volontari Bersaglieri "Luciano Manara"

Dopo la partenza per i confini orientali del I Battaglione Bersaglieri "*Mussolini*" a metà ottobre del 1943, nella sede di Verona, dove continuavano ad affluire i volontari, si costituì il comando del Reggimento Volontari Bersaglieri "*Luciano Manara*". Negli ultimi mesi dell'anno, presso il comando del Reggimento, si costituirono la Compagnia Comando Reggimentale ed il Deposito, dove i volontari formarono le prime Compagnie provvisorie. Grazie all'afflusso di volontari, il 20 febbraio venne costituito il II Battaglione Bersaglieri "*Goffredo Mameli*" e, il 20 maggio '44, il III Battaglione Bersaglieri "*Enrico Toti*". Il comando del Reggimento rimase di stanza a Verona sino alla fine di aprile '45, ripiegò quindi in Val d'Adige dove si sciolse il giorno 30. Il Reggimento non venne mai impiegato come unità organica, ma svolse esclusivamente funzioni di centro di addestramento complementi e deposito per i Battaglioni dislocati sui vari fronti[10].

Primo comandante del Reggimento fu il Tenente Colonnello Vittorio Facchini, successivamente, il Tenente Colonnello Antonino Salvo, in comando interinale.

---

10   In molte pubblicazioni si fa riferimento all'8° Reggimento Bersaglieri, accasermato nella caserma *Mussolini* di Verona, ma è storicamente inesatto, infatti non vi fu alcuna continuità, se non ideale, tra il Reggimento, ufficialmente sciolto subito dopo l'8 settembre, e l'unità che fu costituita attorno ai pochi bersaglieri che rimasero in armi e furono la base sulla quale venne costituito il Reggimento "*Luciano Manara*".

Struttura ed organico
Compagnia Comando Reggimentale
Deposito
I Battaglione Volontari Bersaglieri "*Benito Mussolini*"[11]
II Battaglione Volontari Bersaglieri "*Goffredo Mameli*"
- o   Plotone Comando
- o   1ª Compagnia
- o   2ª Compagnia
- o   3ª Compagnia Assaltatori
- o   4ª Compagnia Armi Accompagnamento
- o   Reparto Carriaggi

III Battaglione Volontari Bersaglieri "*Enrico Toti*"
- o   Compagnia Comando
- o   1ª Compagnia
- o   2ª Compagnia
- o   3ª Compagnia

Il Battaglione "Mameli" ebbe in organico 53 ufficiali, 2 ufficiali Cappellani, 80 sottufficiali, 78 graduati, 319 Bersaglieri e 6 Ausiliarie. Il Battaglione "Toti" invece ebbe una forza complessiva di 414 uomini, di cui 34 ufficiali, 70 sottufficiali e 310 Bersaglieri.

Caduti
I caduti accertati del "*Mameli*" assommano a 70; i feriti, invalidi e mutilati assommano a 73, mentre il III Battaglione Volontari Bersaglieri "*Enrico Toti*" ebbe 1 caduto accertato, ma l'elenco è certamente incompleto.

Armamento
Armamento misto, italiano e tedesco, quindi fucili '91 e Mauser 98K, mitragliatrici Breda 37 ed MG 42, panzerfaust mod. 30 e 60, MAB 38A. Il Battaglione "*Mameli*" aveva in carico 12 mortai CEMSA da 81 mm e 10 mitragliatrici Breda 37 oltre ad alcuni esemplari di fucile Walther Gewehr 41 e MP 38/40.

I Battaglione Bersaglieri Volontari "Benito Mussolini" – XV Battaglione Difesa Costiera

Costituito subito dopo l'8 settembre, presso il Deposito dell'8° Reggimento Bersaglieri a Verona, con personale rimasto in armi, grazie all'afflusso di numerosi volontari, in data 19 settembre, al comando del Tenente Colonnello Vittorio Facchini, poteva presentarsi al commissario federale del P.F.R. di Verona. Il nucleo iniziale del Battaglione era formato da sottufficiali e bersaglieri esperti reduci dal fronte dell'Africa settentrionale, integrato da ufficiali, sottufficiali e militari del "Centro Tradotte Est", per il resto da militari sbandati o ex prigionieri dei tedeschi che avevano aderito all'appello del Facchini. A questo nucleo iniziale si aggiunse un consistente gruppo di studenti veronesi. Nel mese di ottobre il Battaglione si trasferì nel goriziano in due scaglioni, il 10 e il 14, andandosi a posizionare nella media Valle Isonzo e nella Valle Baccia. Il contingente iniziale venne gradatamente sostituito da volontari e da reclute delle classi 1924 e 1925, svolse la sua importantissima attività di presidio contro le infiltrazioni slave per 19 lunghissimi mesi, senza sostituzioni e con pochi complementi per rimpiazzare le perdite. Il Battaglione cessò di esistere il 30 aprile 1945 presso la stretta di Caporetto.
Primo comandante del Battaglione fu il Tenente Colonnello Vittorio Facchini, successivamente il Maggiore Armando Cavalletti poi il Capitano Ennio Mognaschi.
Il Btg "*Mussolini*" assunse diversi nomi nella sua breve storia, inizialmente "*I Battaglione Volontari Benito Mussolini delle SS italiane*", poi "*I/8° Bersaglieri*", poi "*Bruno Mussolini*", poi "*Stefano Rizzardi*", poi "*XV Battaglione Difesa Costiero*", ma per tutti fu sempre il Battaglione Bersaglieri "*Benito Mussolini*".

Zona di Impiego

---

11   Le informazioni di dettaglio relative alla struttura ed agli organici del I Battaglione Bersaglieri "Mussolini" si trovano nel relativo paragrafo.

Il Battaglione venne inviato nelle valli dell'Isonzo e del Baccia, posizionandosi lungo la linea ferroviaria Gorizia - Piedicolle, dal km 82 al km 109, con una serie di distaccamenti dislocati in zona controllata dal nemico. Presidiò per un lungo periodo Santa Lucia d'Isonzo e per cinque mesi Tolmino (entrambi ora in territorio sloveno). Resistette stupendamente alle battaglie di annientamento di fine giugno '44 e di settembre dello stesso anno, così come reagì sempre prontamente alle azioni di imboscate, attentati e guerriglia, che le formazioni slave, e italiane in esse conglobate, portarono con continuità per tutti i 19 mesi di permanenza al fronte. Una caratteristica del Battaglione, erano i "gruppi da combattimento di compagnia", molto efficienti per la loro mobilità, che seppero infliggere pesanti perdite al nemico, rappresentato dal IX Korpus sloveno.

Schieramento del Battaglione

Santa Lucia di Tolmino   : Comando Battaglione – Compagnia Comando – Autodrappello
Dal Km 82 al Km 90   : 3ª Compagnia
Dal Km 91 al Km 95   : 5ª Compagnia
Dal Km 96 al Km 100   : 1ª Compagnia
Dal Km 101 al Km 105   : 4ª Compagnia
Dal Km 106 a Piedicolle : 2ª Compagnia

Struttura

- Comando Battaglione
- Compagnia Comando
- 1ª Compagnia
- 2ª Compagnia
- 3ª Compagnia
- 4ª Compagnia
- 5ª Compagnia
- Autodrappello
- Ufficio Amministrazione
- Servizio Propaganda

Organico

Ottobre '43   = 400/500 uomini
Febbraio '44   = 749 uomini, di cui 33 ufficiali, 94 sottufficiali e 622 bersaglieri
Giugno '44   = 1.299 uomini, di cui 39 ufficiali, 98 sottufficiali e 1.062 bersaglieri
Marzo '45   = 625 uomini, di cui 30 ufficiali, 140 sottufficiali (105 allievi ufficiali) e 455 bersaglieri

Si può ritenere che, quindi, il massimo della forza del Battaglione, sia stata raggiunta nel mese di giugno '44, con circa 1.350 uomini, equivalente alla consistenza di tre Battaglione Ciclisti nel Regio Esercito. In totale la forza transitata nel Battaglione fu di circa 2.300 uomini, dei quali 100 erano ufficiali. Molto elevata la presenza nelle file del Battaglione di Allievi Ufficiali, circa 150.

Caduti

I Caduti e dispersi in combattimento ed in prigionia del Battaglione non sono meno di 450, 25 dei quali ufficiali, mentre il numero di feriti, invalidi e non più idonei al servizio arriva a 600.

Automezzi

- 6 autocarri Fiat 626
- 6 rimorchi
- 2 autovetture
- 1 autoambulanza
- motociclette in numero non precisato
- 1 officina di manutenzione
- 1 semovente L40 da 47/32

A disposizione del Battaglione anche una trentina di muli, utilizzati per le più svariate incombenze.

Artiglierie
- 6 mitragliere c.a. 20 mm Breda
- 6 cannoni anticarro 25 mm Hotchkiss
- 1 fucilone anticarro Solothurn da 20mm[12]
- 2 cannoni da campagna 75/27[13]

Armamento
- 20 mortai 81mm
- 2 mortai Brixia 45mm
- 40 mitragliatrici 8 mm Breda/Fiat
- 30 fucili mitragliatori *Bren*
- circa 70 pistole mitragliatrici *Sten*[14]
- un numero non precisato di Fucili modello 91, fucili mitragliatori Breda 30, pistole mitragliatrici MAB e MAS, alcuni lanciafiamme, peraltro mai usati.

II Battaglione Volontari Bersaglieri "Goffredo Mameli"[15]

Il 3 aprile 1944, il Battaglione venne inviato a Forlì e da qui si attestò sul litorale adriatico. Il 15 agosto, mentre il reparto agosto stava per rientrare a Verona, grazie all'intervento del Duce, che aveva visitato il reparto pochi giorni prima, venne costituita la 1ª Compagnia d'Assalto, con volontari offertisi dalle quattro Compagnie, che, dopo un rapidissimo addestramento di due settimane presso il 615° Lehrbataillon con armi tedesche, venne inviata in linea aggregata alla 715ª Divisione di Fanteria tedesca il 13 settembre. La 1ª Compagnia ebbe il battesimo del fuoco il 23 settembre e sino alla fine del mese di ottobre, fu un susseguirsi di combattimenti sempre più violenti, con pesanti perdite subite ed inflitte (ricordiamo i combattimenti di Monte Cucco, Monte Porrata, Monte Cristino, la zona a sud di Castel Del Rio, Portonuovo Gazzolino, Monte Battaglia, Monte Cece, Monte Acuto, nella Val Santerno e nella Val Senio), con quote conquistate, perdute e riconquistate nel breve spazio anche di poche ore. Al termine di questo pesante ciclo operativo, i superstiti della 1ª Compagnia vennero inviati a Verona per un periodo di riposo e riordino, dei 145 uomini partiti ben pochi erano gli incolumi. Subentrò quindi la 2ª Compagnia., che dal 25 novembre all'11 dicembre venne addestrata all'uso delle armi tedesche ad Ortodonico, con una forza di 140 uomini. Dal 12 dicembre 1944 venne schierata a Riolo Bagni dove venne dimezzata in breve tempo. I superstiti, non più di sessanta, rimasero al fronte sino a febbraio del '45, mentre dal novembre 1944 al marzo 1945 venne addestrato a Bergamo il personale per la 3ª Compagnia, con una forza totale di 120 uomini. Il 18 marzo 1945 partirono da Verona la 1ª e la 3ª Compagnia del II Battaglione "*Mameli*", le uniche rimaste in organico, per essere incorporate, come complementi, nella Divisione Bersaglieri "*Italia*", schierata sul fronte della Garfagnana. Giunte il 27 a Gaiano di Collecchio, la 1ª Compagnia iniziò missioni di scorta a colonne di Bersaglieri, armi e viveri diretti in Toscana, oltre a pattugliare la ferrovia Fornovo-Parma e impedire atti di sabotaggio al ponte sul Taro, che collega la Cisa con la strada Medesano-Noceto-Fidenza. Il 4 aprile due Plotoni vennero inviati a Villafranca in Lunigiana con compiti di scorta ad alcune batterie, quindi, dopo scontri con i partigiani a Berceto e Monzone, raggiunsero Gragnola, poi si spostarono a Viano, dove il 22 aprile si scontrarono con le truppe alleate. Arrivato l'ordine di ripiegamento, i Bersaglieri della 1ª Compagnia si diressero verso Fivizzano ma, poiché tale località era già in mano nemica, dirottarono verso Fornovo, raggiunta

---

12   Secondo un reduce, i fuciloni Solothurn sarebbero stati 2 e non 1, mentre secondo altre fonti, era uno solo, che venne trasferito da una Compagnia all'altra nel 1944.

13   I cannoni da 75/27 vennero trovati sulla piazza di Santa Lucia, di certo vennero impiegati in una azione di rappresaglia dopo l'imboscata al Capitano Mori, in tale occasione vennero bombardati alcuni villaggi intorno a S. Lucia provocando alcuni morti tra i civili. Non si hanno notizie di altre azioni.

14   Gli *Sten* e i *Bren* furono recuperati grazie ad alcuni aviolanci alleati intercettati dai bersaglieri verso la fine del 1944.

15   Il Battaglione "Mameli" fu senza dubbio uno dei Reparti più decorati dell'Esercito della R.S.I., in considerazione anche del fatto che non venne mai impiegato in modo organico, ma solo a livello di compagnia. Vennero concesse in totale: 6 Medaglie d'Argento al Valor Militare, 16 Medaglie di Bronzo al Valor Militare, 5 Croci di Guerra al Valor Militare, 3 Promozioni per Meriti di Guerra, 2 Eisernes Kreuz 1ª Klasse, 42 Eisernes Kreuz 2ª Klasse, 32 Distintivi d'Assalto della Fanteria (Infanterie Sturm-Abzeichen).

il 27 aprile, da qui vennero impiegati nella zona di Collecchio e poi a Medesano. Il giorno 28 il Tenente Dani, comandante della Compagnia, sciolse il reparto a Fellegara di Medesano. La 3ª Compagnia venne distaccata a Sala Baganza dove svolse compiti di presidio sul Taro e provvide alla scorta di un convoglio diretto a Pontremoli. Il 26 aprile ripiegò su Parma e poi verso il Garda dove si sciolse.
Comandante del Battaglione fu il Maggiore Leonardo Vannata. Il Gruppo di Combattimento incorporato nella Divisione "*Italia*", era al Comando del Capitano Saverio Martucci.

III Battaglione Volontari Bersaglieri "Enrico Toti"

Venne costituito il 20 maggio 1944 a Verona, rimase sempre nella sede della città veneta, alla fine di aprile del 1945 ripiegò in Val d'Adige in direzione di Trento. Prima di raggiungere la città si sciolse.
Comandante del Battaglione fu il Maggiore Sandro Bonamici.

1ª Compagnia Bersaglieri del Mincio – Raggruppamento "Cacciatori degli Appennini"

Uno dei principali problemi emersi durante la lotta contro la guerriglia dei titini in Yugoslavia, era la totale assenza di Reparti del Regio Esercito addestrati specificatamente per tale compito. La lotta contro i partigiani in Italia venne affrontata, dallo Stato Maggiore dell'Esercito della R.S.I. avvalendosi di tale nefasta esperienza, creando nella primavera - estate del 1944 due reparti dotati di specifico addestramento alla lotta partigiana, il Raggruppamento "Cacciatori degli Appennini" ed il Raggruppamento Anti Partigiani, unità con l'organico e l'armamento di una Brigata leggera, entrambi dislocati in Piemonte.
La Compagnia Bersaglieri del Mincio fu costituita con elementi arruolati a Mantova ed era inquadrata nel Gruppo Esplorante Celere del Raggruppamento "Cacciatori degli Appennini".
Comandata dal Tenente Bruno Gallese, raggiunse un organico massimo di 130 Bersaglieri.

I Battaglione Arditi Bersaglieri – Raggruppamento Anti Partigiani

La costituzione di Battaglioni Arditi da inserire nel R.A.P. risale al luglio 1944, quando venne prevista la creazione di tre Battaglioni da addestrare specificatamente all'impiego controguerriglia, forti di circa 2.000 uomini. Tra luglio e novembre queste unità furono effettivamente costituite, anzi ne fu formato uno in più rispetto al previsto. Il I Battaglione Arditi Bersaglieri, inizialmente denominato I Battaglione Controguerriglia, fu costituito a Brescia il 25 luglio 1944. Noto anche come Battaglione "Mazzini", mutò poi la denominazione in quella ufficiale di I Battaglione Arditi Bersaglieri; era comandato dal Maggiore Antonio Pacinotti, a cui subentrò il Maggiore si Stato Maggiore Filippo Galamini, e si articolava su:
ï   Compagnia Comando
ï   1ª Compagnia Bersaglieri
ï   2ª Compagnia Bersaglieri
ï   3ª Compagnia Bersaglieri
La Compagnia Comando aveva in organico anche una Squadra di Sanità equipaggiata con quattro autoambulanze. Transitarono per i ranghi del reparto circa 590 militari; l'albo d'onore del Battaglione annovera 4 medaglie d'Argento al Valor Militare ed 8 di Bronzo.
Nell'autunno 1944 fu impegnato in puntate offensive su Biella, poi in Val d'Aosta e per finire in Val Pellice. Il Battaglione fu sciolto nel gennaio 1945 ed ebbe complessivamente 5 caduti noti (secondo altre fonti 13 caduti noti ed 85 ignoti).

Compagnia Mista Bersaglieri - Alpini

Venne costituita a Perugia con personale proveniente dai due corpi, presenti nella città umbra, nell'ottobre del 1943, nel febbraio del '44 prestò giuramento di fedeltà alla R.S.I.; la forza della Compagnia assommava a 6 ufficiali, 14 sottufficiali e 97 soldati.

Altri reparti di tradizione "bersaglieresca"
1° Battaglione di Combattimento Volontari Italiani "Ettore Muti"

A Firenze un nutrito numero di volontari provenienti tutti dal disciolto 5° Reggimento Bersaglieri costituì il 14 settembre 1943, a pochi giorni di distanza dall'Armistizio, presso la ex sede della Gioventù Italiana del Littorio un reparto, che andò configurandosi come un Battaglione su due Compagnie. Il Battaglione "Muti" fu dapprima adibito al recupero di armi e materiali del Regio Esercito abbandonati in città e nei dintorni, successivamente partecipò in tutta la provincia ad operazioni di grande polizia per tutto l'inverno 1943 - '44. Ad agosto 1944 il Battaglione fu trasferito a Bologna alle dipendenze del 202°Comando Militare Regionale, venendo sempre impiegato in compiti di presidio e di repressione. Dopo un breve trasferimento a Schio, in autunno il Comando ed una compagnia furono dislocati a Verona, mentre l'altra Compagnia a Garda. Il 28 aprile del 1945 il Battaglione "Muti" si sciolse, dopo essersi riunito alcuni giorni prima a Verona. Il Capitano Giuseppe Bindi fu il comandante del Battaglione, che ebbe una forza complessiva di 256 militari e lamentò almeno 22 caduti (di cui 15 ignoti).
Il Battaglione "Muti" si articolava su:
- Comando
- 1a Compagnia
- 2a Compagnia

Benché non fu ufficialmente un reparto di Bersaglieri, il reparto mantenne le insegne del corpo, per segnalare la provenienza bersaglieresca dei suoi volontari. Infatti, sul berretto era portato il fregio composto da una granata fiammeggiante dei Bersaglieri, con due fasci littori incrociati. Le mostrine in un primo tempo erano rettangolari, caricate da una fiamma cremisi a due punte. Successivamente furono adottate le fiamme semplici a tre punte, sempre di colore cremisi, con dei teschietti argentati.

Compagnia Bersaglieri "Curzio Casalecchi" – Legione Autonoma Mobile "Ettore Muti"

La Compagnia Bersaglieri della Legione "Muti" (reparto formalmente appartenente alla Polizia Repubblicana, ma de facto autonomo, impegnato duramente nella repressione antipartigiana) fu costituita il 3 gennaio 1945. La Compagnia fu intitolata al tenente Curzio Casalecchi della Compagnia "Domenico Savino" della "Muti", ucciso dai partigiani il 2 ottobre 1944, dopo essere stato catturato nel corso di un attacco portato al posto di blocco da lui comandato alla periferia di Borgosesia. La Compagnia Bersaglieri fu dislocata in Valsesia nella "Zona di Sicurezza 20", inizialmente proprio a Borgosesia, andando poi ad affiancare la Compagnai "Figini" a Varallo Sesia. Al termine del conflitto ripiegò su Milano, si unì alla colonna della Legione "Muti" che il 26 aprile confluì a Como, dove si sciolse il 28 aprile. Comandante della Compagnia "Curzio Casalecchi" fu il Capitano Giorgio Barigazzi, a cui subentrò il Sottotenente Luigi Colombo a marzo del 1945.

Battaglione "Fulmine" – Divisione Decima

Il Battaglione "Fulmine" fu una componente atipica della X^a MAS di Borghese, poiché costituito con personale del disciolto Regio Esercito proveniente principalmente dai Bersaglieri (soprattutto dall'11°Reggimento e dal 31°Reggimento Carristi), nelle intenzioni del suo fondatore, il Tenente Colonnello Luigi Carallo, avrebbe dovuto appartenere alla specialità dei Bersaglieri, da cui proveniva lui stesso. Inizialmente anche il nome del Battaglione fu proprio "Bersagliere", ma successivamente assunse il nome di "Fulmine", in onore del cacciatorpediniere della Regia Marina affondato il 13 giugno 1941. Il "Fulmine" era strutturato su Compagnia Comando e tre Compagnie, la 3ª composta solo da volontari italiani provenienti dalla Francia, e fu operativo dall'estate 1944 fino al suo scioglimento il 30 aprile a Schio. A perenne ricordo dell'anima bersaglieresca che animò il Tenente Colonnello Carallo, fu rappresentato un elmetto con il piumetto nero tipico dei Bersaglieri sia sulla fiamma di combattimento che sul distintivo da petto del Battaglione. La 1ª Compagnia ebbe anche in dotazione un certo numero di Biciclette, simbolo dei bersaglieri fin dall'inizio del XX secolo.

▲ Heuberg: Gruppo di Bersaglieri della Divisione "Italia" durante l'addestramento a colloquio con istruttori tedeschi (*Viziano*).

▼ Nel campo di addestramento di Heuberg i Bersaglieri della Divisione "Italia" presero confidenza anche con le armi tedesche, come questi mitraglieri con una MG42 (*Viziano*).

▲ Addestramento al combattimento corpo a corpo dei Bersaglieri della Divisione "Italia" (*Viziano*).
▼ Manifestazione della "Italia" ad Heuberg alla presenza del Generale Mainardi, comandante della Divisione (*Viziano*).

▲ I militari della Divisione si avviano per rendere gli onori al locale monumento che ricorda i caduti tedeschi della Grande Guerra (*Viziano*).
▼ Deposizione delle corone di fiori al monumento ai caduti della Prima Guerra Mondiale di Heuberg (*Viziano*).

▲ Addestramento dei Bersaglieri della Divisione "Italia" all'uso delle radio portatili (*Viziano*).

▼ Plotone di Bersaglieri telefonisti durante l'addestramento ad Heuberg: si noti l'uso di materiale tedesco (*Viziano*).

▲ Bersagliere in addestramento nel campo di Heuberg (*Viziano*).

▲ Fronte della "Gotica": i Bersaglieri della Divisione "Italia" entrano in linea (Viziano)

▼ Primo piano di un ricovero dei Bersaglieri della Divisione "Italia" sulla Linea "Gotica" (Viziano)

▲ Bersaglieri della Divisione "Italia" in una buca armata con mortaio da 81mm (Viziano)

▼ Osservatorio della Divisione "Italia" in località Le Tese in Garfagnana (Viziano)

▲ Bersaglieri del III Battaglione/1° Reggimento della Divisione "Italia" in località Le (Viziano)

▼ Mitraglieri del 2° Reggimento nelle retrovie della "Gotica", da notare la MG42 e l'ingente scorta di munizione portata dai due serventi (Viziano)

▲ Bersaglieri della Divisione "Italia" addetti al mortaio da 81, intenti a spolettare le granate (Viziano)

▲ Un momento di pausa per questi Bersaglieri del 2° Reggimento sulla "Gotica" (Viziano)

▼ Nido di mitragliatrice del III Battaglione/1° Reggimento della "Italia in località Le Tese in Garfagnana (Viziano)

▲ La comunicazione tra le postazioni della Divisione "Italia", spesso distanti tra di loro, sul fronte della "Gotica" era vitale. Bersagliere guardafili provvede alla riparazione di un cavo telefonico (Viziano)

▼ Intenso primo piano di un giovane Bersagliere del 2° Reggimento. Sull'elmetto reca il nuovo fregio, rappresentante un'aquila repubblicana, che doveva essere adottato su tutti gli elmetti dei militari dell'Esercito Nazionale Repubblicano, in sostituzione dei fregi regi di specialità (Viziano)

▲ Manifesto che incita all'arruolamento nella 1a Divisione Bersaglieri "Italia" (Crippa)

▲ Cambio della guardia fra due Bersaglieri della Divisione "Italia" in Garfagnana (Viziano)

▲ Bersaglieri della Divisione "Italia" trasportano munizioni alla prima linea, indossando capi mimetici di fortuna, per occultarsi sul terreno innevato. L'approvvigionamento di armi e munizioni era reso difficile dalle avverse condizioni climatiche (Viziano)

▲ Pattuglia di bersaglieri della Divisione "Italia" parte in perlustrazione sul fronte della Linea "Gotica". Il militare in primo piano indossa un telo tenda italiano, rivolto sul lato interno, per rendersi meno visibile tra la neve (Viziano)

▲ Bersaglieri della Divisione "Italia" addetti ai rifornimenti controllano le cassette di munizioni (Viziano)

▼ Un obice tedesco IG18 da 75/10 viene messo in posizione dai serventi sulla Linea "Gotica" (Viziano)

▲ Bersagliere della Divisione "Italia" addetto ad un obice tedesco IG18 da 75/10 (Viziano)

▲ Nel gennaio 1945 il Duce visitò i reparti della Divisione "Italia" schierati lungo la Linea Gotica (Viziano)

▼ Mussolini scende dalla sua auto, circondato da ufficiali della Divisione (Viziano)

▲ Il Duce passa in rassegna i Bersaglieri, sotto una fitta nevicata. Alle sue spalle, a sinistra, il suo inseparabile attendente, Pietro Carradori (Viziano)

▼ Mussolini in visita alle postazioni della Divisione "Italia" sulla "Gotica" (Viziano)

▲ Bersaglieri del II Gruppo Esplorante della Divisione "Littorio" (Cucut)

▼ Cerimonia alla presenza di vedove di guerra in provincia di Cuneo. Sono presenti i Bersaglieri del Gruppo Esplorante della Divisione "Littorio (Cucut)

▲ Il gagliardetto del II Gruppo Esplorante della Divisione "Littorio" durante una Santa Messa, presieduta da militari, da giovani dell'Opera Nazionale Balilla e delle Fiamme Bianche, in una cittadina del cuneese (Cucut)

▼ In questa fotografia scattata nel corso della stessa manifestazione dell'immagine precedente è possibile vedere chiaramente l'altro lato del gagliardetto del II Gruppo Esplorante della Divisione "Littorio", che riporta la dicitura "BERSAGLIERI ESPLORATORI LITTORIO" (Cucut)

▲ Mitragliere del Gruppo Esplorante "Cadelo" della Divisione "Monterosa" osserva i movimenti nemici dalla sua postazione in Garfagnana (Viziano)

▼ Piazzola di un obice tedesco IG18 da 75/10 del "Cadelo" in Garfagnana (Archivio Divisione Monterosa)

▲ Bersaglieri del Gruppo "Cadelo" a Piazza al Serchio nel febbraio 1945, da notare l'abbigliamento estremamente eterogeneo dei militari (Archivio Divisione Monterosa)

▲ Ufficiali del Gruppo "Cadelo" a Quota 1029 in Garfagnana (Archivio Divisione Monterosa)

▲ Il Maggiore Cadelo, comandante del Gruppo Esplorante della Divisione "Monterosa" (Archivio Divisione Monterosa)

▲ Il Tenente Colonnello Andolfato del Gruppo Esplorante "Cadelo" della Divisione "Monterosa" a colloquio con i Tenenti Valparaiso, Capponi e Giovenc ed alcuni ufficiali tedeschi (*Viziano*).

▼ Foto di gruppo di Bersaglieri del Gruppo "Cadelo" della Divisione "Monterosa" a Terrarossa (GE) (Archivio Divisione Monterosa)

▲ Bersaglieri del III Battaglione "Natisone" del Reggimento "Tagliamento" in Valle d'Isonzo (Archivio Reduci Reggimento "Tagliamento")

▼Gruppo di Bersaglieri dell'8a Compagnia del "Natisone" a Ronzina il 17 agosto 1944. L'abbigliamento quanto mai eterogeneo (si possono notare sia capi in tela cachi, che in tessuto mimetico, giubbe, fez, bustine) e l'armamento suggerisco che la foto sia stata scattata al termine di un'operazione di controllo del territorio (Archivio Reduci Reggimento "Tagliamento")

▲ Postazione difensiva fortificata del "Natisone" in Valle Baccia (Archivio Reduci Reggimento "Tagliamento")

▲ Posto di osservazione e d di guardia del Battaglione "Natisone", rinforzato da una mitragliatrice FIAT modello 35 (Archivio Reduci Reggimento "Tagliamento")

▲ Bersaglieri del III Battaglione "Natisone" del Reggimento "Tagliamento" (tra cui un cappellano) a Santa Lucia d'Isonzo (Archivio Reduci Reggimento "Tagliamento")

▼ Bersaglieri del "Natisone" del Reggimento "Tagliamento" assistono alla Messa al campo a Chiesa San Giorgio nell'autunno 1944 (Archivio Reduci Reggimento "Tagliamento")

▲ Bersaglieri motociclisti del III Battaglione "Natisone" a Ronzina (*Archivio Reduci Reggimento "Tagliamento"*).

▲ Cannone anticarro italiano da 47/32 dell'8a Compagnia del Battaglione "Natisone" (Archivio Reduci Reggimento "Tagliamento")

▼ Plotone di Bersaglieri del 3° Reggimento Bersaglieri in addestramento a Tortona il 2 febbraio 1944 (Malfettani)

▲ Bersaglieri del 3° Reggimento in addestramento a Tortona con un cannone anticarro italiano da 47 mm. Molti di loro sono armati con fucili Lebel da 8 mm di preda bellica (Malfettani)

▼ Postazione costiera dei Bersaglieri di un Battaglione di Difesa Costiera in Liguria (Cucut)

▲ Il giovane Bersagliere volontario Franco Bruno del 3° Reggimento Bersaglieri. Il militare indossa il telo tenda mimetico italiano, su cui ha appuntato il bellissimo distintivo dei volontari universitari della 5a Compagnia del II Battaglione (Malfettani)

▲ Foto da studio di un Bersagliere della 5a Compagnia del II Battaglione del 3° Reggimento Bersaglieri, composta da volontari universitari (si vede il bel distintivo applicato sulla tasca della giubba). Il soldato porta una giubba a vento, su cui sono cuciti i galloni da caporale maggiore, recanti un teschio metallico. Al bavero le fiamme dei Bersaglieri recano il gladio della Repubblica Sociale. Da notare il filetto dorato da allievo ufficiale (Chionetti)

▲ Il Tenente Colonnello Giovan Battista Gariboldo, comandante del I Battaglione Bersaglieri Difesa Costiera a colloquio con alcuni suoi uomini (Scarone)

▼ Il Capo della Provincia di Genova Carlo Emanuele Basile e il Generale Renzo Butti passano in rassegna i Bersaglieri del I Battaglione Difesa Costiera, schierato in Piazza della Vittoria il 12 marzo 1944 (Malfettani)

▲ Militari repubblicani durante una cerimonia nel capoluogo ligure. Si tratta di Bersaglieri del I Battaglione del 3° Reggimento e di giovani delle Fiamme Bianche. Il Bersagliere in primo piano porta ancora le stellette sulle fiamme a due punte cremisi, tipiche della specialità (Scarone)

▲ Plotone di Bersaglieri del I Battaglione del III Reggimento Bersaglieri in Piazza della Vittoria a Genova. Il Battaglione era inizialmente denominato LI Battaglione Bersaglieri (Scarone)

▼ Bersaglieri del I Battaglione Difesa Costiera si rifocillano con le Ausiliarie della O.N.D. dopo l'addestramento per una manifestazione patriottica a Genova nel marzo 1944. I militari hanno gli elmetti mimetizzati a spruzzo (Malfettani)

▲ I generi di conforto vengono distribuiti da una "cantina mobile" ai Bersaglieri del I Battaglione (Malfettani)

▼ Un'Ausiliaria offre da bere ad un Bersagliere del I Battaglione Difesa Costiera (Malfettani)

▲ Il passo di corsa rimase una caratteristica imprescindibile anche durante la R.S.I.: in questa foto vediamo dei Bersaglieri del I Battaglione Bersaglieri Volontari Difesa Costiera durante una manifestazione a Genova (Scarone)

▼ In occasione del Natale del 1944 il Federale di Genova Faloppa passa in rassegna un reparto di Bersaglieri del I Battaglione Difesa Costiera nella caserma "Sturla" (Malfettani)

▲ Bersagliere del II Battaglione Bersaglieri Volontari Difesa Costiera a Porto Maurizio (IM). Il militare indossa un giacchino mimetico fuori ordinanza, realizzato con tessuto mimetico italiano M1929 (Scarone)

▲ Alcune ragazze portano piccoli doni a Bersaglieri del I Battaglione Difesa Costiera nella caserma "Sturla" di Genova, in occasione della stessa manifestazione della fotografia precedente. I militari hanno adottato, seguendo l'usanza delle Forze Armate germaniche, lo scudetto tricolore sul lato sinistro dell'elmetto, che appare mimetizzato (Malfettani)

▼ Bersaglieri del II Battaglione del 3° Reggimento Bersaglieri in provincia di Imperia (Scarone)

▲ Gruppo di Ufficiali del II Battaglione Bersaglieri del 3° Reggimento Bersaglieri in caserma (Scarone)

▼ Cerimonia militare a Ceriana (IM) alla presenza di Fra' Ginepro da Pompeiana, con la partecipazione di un gruppo di Bersaglieri del II Battaglione Difesa Costiera con la fanfara. Fra' Ginepro, frate cappuccino, fu giornalista, predicatore, scrittore, poeta, cappellano militare ed ardente sostenitore della causa fascista. (*Scarone*).

▲ Bersaglieri del II Battaglione Difesa Costiera partecipano ad una cerimonia patriottica a Sanremo nell'ottobre 1944 (Pisanò)

▲ Vedetta del II Battaglione Bersaglieri sulla costiera ligure (Arena)

▲ Operazione di rastrellamento condotta da militari del II Battaglione Difesa Costiera sulle alture di San Remo (*Pisanò*).

▼ Bersaglieri di un Battaglione Difesa Costiera in un paese ligure, lungo la zona di confine con la Francia (*Pisanò*).

▲ Santo Natale 1944 sulle alture di Sanremo: Fra' Ginepro tra i Bersaglieri del II Battaglione Difesa Costiera, in mano ha il "Bambino della Frontiera". L'abbigliamento dei militari è quantomai eterogeneo, alcuni Bersaglieri indossano anche capi realizzati con tessuto mimetico italiano M1929 (Malfettani)

▼ Bersaglieri volontari del battaglione "Mussolini": interessante l'uso dei teschietti sulle fiamme cremisi (Pisanò)

▲ Il pluridecorato Tenente Colonnello Vittorio Facchini, primo comandante del Battaglione Bersaglieri Volontari "Mussolini". Da notare che l'ufficiale porta al petto il distintivo di specialità dei Sommergibilisti della Regia Marina (Crippa)

▲ I Bersaglieri del "Mussolini" in partenza per il fronte giuliano nel cortile della caserma dell'8° Reggimento Bersaglieri a Verona. L'ufficiale di spalle è il comandante Tenente Colonnello Vittorio Facchini (Crippa)

▼ Un gruppo di Bersaglieri del "Mussolini" sfila in piazza delle Erbe a Verona, prima della partenza per il fronte giuliano con in testa la fanfara del reparto, nella più stretta tradizione dei fanti piumati (Pisanò)

▲ Il Tenente Colonnello Facchini nella stessa occasione dell'immagine precedente: è interessante il fregio dei Bersaglieri del berretto, che al centro del tondino, anziché avere il numero del Reggimento di appartenenza, sfoggia un teschio (*Crippa*).

▲ Giovanissimo mitragliere del "Mussolini", sulle fiamme cremisi porta ancora le stellette del Regio Esercito, cosa piuttosto diffusa tra i militari del reparto, che partirono per il fronte prima della distribuzione dei gladi e dei fregi repubblicani (Pisanò)

▼ Bersagliere del Battaglione "Mussolini" in pattuglia in quota. Il militare indossa la tipica uniforme distribuita ai militari del reparto: sul giacchino impermeabile, già utilizzato dal Regio Esercito, porta un teschio metallico, simbolo molto diffuso tra i Bersaglieri del Battaglione (Viziano)

▲ Interno di una postazione di guardia del XV Battaglione Difesa Costiera "Mussolini (Viziano)

▼ Piccolo gruppo di Bersaglieri del "Mussolini" davanti al proprio fortino. Il Battaglione si attestò con moltissimi piccoli presidi fortificati su una vasta zona, per presidiare capillarmente il territorio da infiltrazioni slave (Viziano)

▲ L'armamento del Battaglione "Mussolini" si arricchì nel corso dei mesi di armi inglesi sottratte dai Bersaglieri ai materiali degli aviolanci alleati destinati ai partigiani jugoslavi, come nel caso di questo fucile mitragliatore Bren (Viziano)

▼ Il "Mussolini" ebbe in dotazione almeno un fucilone controcarro (Viziano)

▲ Foto di propaganda in cui appare parzialmente la casamatta del semovente da 47/32 utilizzato dal Battaglione "Mussolini" (Francesconi)

▼ Bersaglieri del "Mussolini" sotto il fuoco nemico (Viziano)

▲ Il gagliardetto del Plotone Arditi della 1a Compagnia del Battaglione "Mussolini" a Coritenza (Francesconi)

▲ Labaro del Battaglione Bersaglieri Volontari "Benito Mussolini" durante una cerimonia a Santa Lucia d'Isonzo, ottobre 1944 (Francesconi)

▼ Pattuglia mista di Bersaglieri del Mussolini e di soldati tedeschi in perlustrazione in montagna (Crippa)

▲ Mortaisti del Battaglione "Mussolini" in azione nell'inverno 1944 – '45 *(Pisanò)*.

▼ Bersaglieri del "Mussolini" osservano i movimenti dei partigiani slavi durante un'operazione controguerriglia nel marzo 1944 *(Crippa)*.

▲ Fotografia scattata durante una pausa dell'operazione dell'immagine precedente (Crippa)

▲ Posizione difesa da una mitragliatrice Breda da 20 mm del Battaglione "Mussolini" (*Pisanò*).
▼ Postazione mista italo – tedesca sulla ferrovia Gorizia - Piedicolle, tenuta da Bersaglieri del "Mussolini", che hanno orgogliosamente innalzato un tricolore (*Pisanò*).

▲ Un gruppo di giovani Bersaglieri volontari del "Mussolini" in Val Baccia mentre intona una canzone (*Pisanò*).
▼ Bersaglieri della 3a Compagnia del Battaglione "Mameli" nella caserma di Verona (Liazza)

▲ Il Tenente Gallerati comandante della 3a Compagnia del Battaglione "Mameli" (Liazza)

▲ Il Tenente Dani comandante della 1a Compagnia del Battaglione "Mameli" (Liazza)

▲ Bersaglieri della 1a Compagnia del Battaglione "Mameli" in trasferimento nella Valle del Senio (Liazza)

▼ Plotone della 3a Compagnia del Battaglione "Mameli" (Liazza)

▲ Ufficiali e sottufficiali della 3a Compagnia del Battaglione "Mameli" (Liazza)

▲ Mitraglieri del "Mameli" (*Arena*).

▼ Addestramento antisbarco sulla costa adriatica di Bersaglieri del battaglione "Mameli" (*Arena*).

▲ L'abbigliamento estivo di questi Bersaglieri del "Mameli" mostra come venissero utilizzati senza omogeneità i più disparati capi di abbigliamento: pantaloncini in tela cachi, camicie nere, camicie cachi, scarponcini, gambali in cuoio (*Cucut*).

▲ La fanfara ed un picchetto del Battaglione "Mameli" schierati nella caserma di Verona (Liazza)

▼ Giovani volontari del Battaglione "Mameli": solo l'ufficiale indossa regolarmente i gladi sulle fiamme cremisi, gli uomini di truppa hanno tutti ancora le stellette regie (Crippa)

▲ Postazione di mitragliatrice del Battaglione "Mameli" durante un'operazione di controllo del territorio in Emilia-Romagna nel luglio 1944 (Crippa)

▼ Mitragliere del Battaglione "Mameli" armato con una mitragliatrice tedesca MG 42 (Crippa)

▲ Gruppo di Bersaglieri del Battaglione "Enrico Toti" nella caserma dell'8° Reggimento a Verona nel giugno 1944 (Pisanò)

▼ Reclutamento di Bersaglieri volontari per la Compagnia Bersaglieri "Mincio" dei Cacciatori degli Appennini (Pisanò)

▲ I primi volontari, quasi tutti mantovani, vengono immediatamente inquadrati per iniziare l'addestramento (Pisanò)

▼ Addestramento dei Bersaglieri della Compagnia "Mincio" (Pisanò)

▲ La bicicletta fu un'insostituibile compagna anche per i Bersaglieri della R.S.I. (Crippa)

▼ Bersaglieri del Centro Costituzione Grandi Unità di Vercelli sfilano per le vie della città nell'aprile 1944. L'ufficiale al centro della fotografia è il Generale Filippo Diamanti, comandante del Centro (Pisanò)

▲ Militari del Battaglione "Muti" di Firenze ricevono doni dalla popolazione al termine di una manifestazione organizzata a sostegno delle Forze Armate repubblicane (Pisanò)

▼ Pur non essendo effettivamente inquadrato come reparto di Bersaglieri il Battaglione "Muti" mantenne sulle proprie uniformi evidenti simbologie riconducibili ai fanti piumati. Si nota molto bene, nell'uniforme del milite in primo piano, il fregio da berretto quasi identico a quello dei Bersaglieri e le fiamme a due punte cremisi, inizialmente sotto pannate di nero (Pisanò)

BIBLIOGRAFIA

Libri e pubblicazioni

- AA.VV., "*Soldati e Battaglie della Seconda Guerra Mondiale*", Hobby & Work Italiana Editrice, Bresso (MI), 1999.
- Arena Nino, "*R.S.I. – Forze Armate della Repubblica Sociale – La guerra in Italia – 1943 – 1944 – 1945*", Ermanno Albertelli Editore, Parma, 2002.
- Corbatti Sergio, Nava Marco, "*Come il diamante*", Laran Editions, Bruxelles, 2008.
- Crippa Paolo, "*I mezzi corazzati italiani della Guerra Civile 43-45*", Mattioli 1885, Fidenza (PR), 2015.
- Crippa Paolo, "*I Reparti Corazzati della Repubblica Sociale Italiana 1943 -1945*", Marvia Edizioni, Voghera (PV), 2006.
- Cucut Carlo, "*Le Forze Armate della R.S.I. 1943 – 1945 – Forze di terra*", G.M.T., Trento, 2005.
- Cucut Carlo, Bobbio Roberto, "*Attilio Viziano – Ricordi di un corrispondente di guerra*", Marvia Edizioni, Voghera (PV), 2008.
- Kuchler Hein, "*Fregi mostrine distintivi della RSI*", Intergest, Milano, 1974.
- Pisanò Giorgio, "*Gli ultimi in grigioverde*", Edizioni F.P.E., Milano, 1967.
- Pisanò Giorgio, "*Storia della Guerra Civile in Italia*", Edizioni F.P.E., Milano, 1967.
- Rocco Giuseppe, "*Con l'Onore per l'Onore – L'organizzazione militare della R.S.I. sul finire della Seconda Guerra Mondiale*", Greco & Greco Editori s.r.l., Milano, 1998.
- Sparacino Franco, "*Distintivi e medaglie della R.S.I.*" Editrice Militare Italiana, Milano, 1983.

Riviste e pubblicazioni

- Scalpelli Adolfo, "*La formazione delle forze armate di Salò attraverso i documenti dello Stato Maggiore della R.S.I.*" in "*Il movimento di liberazione in Italia*" numeri 72 e 73, a cura dell'I.N.S.M.L.I., senza editore, 1963.
- "*Acta*", numeri vari, Fondazione della R.S.I. - Istituto Storico, Terranuova Bracciolini (AR).
- "*Uniformi ed armi*", numeri vari, Ermanno Albertelli Editore, Parma.

www.ingramcontent.com/pod-product-compliance
Lightning Source LLC
Chambersburg PA
CBHW080913170426
43201CB00017B/2312